Quick Guide

Quick Guides liefern schnell erschließbares, kompaktes und umsetzungsorientiertes Wissen. Leser erhalten mit den Quick Guides verlässliche Fachinformationen, um mitreden, fundiert entscheiden und direkt handeln zu können.

Weitere Bände in der Reihe http://www.springer.com/series/15709

Vazrik Bazil

Quick Guide Redemanagement in der Unternehmens-kommunikation

Mit Reden überzeugen: Konzeption, Organisation und Vortrag

Vazrik Bazil
Dresden, Deutschland

Quick Guide
ISBN 978-3-658-23485-0   ISBN 978-3-658-23486-7   (eBook)
https://doi.org/10.1007/978-3-658-23486-7

Die Deutsche Nationalbibliothek verzeichnet diese Publikation in der Deutschen Nationalbibliografie; detaillierte bibliografische Daten sind im Internet über http://dnb.d-nb.de abrufbar.

Springer Gabler
© Springer Fachmedien Wiesbaden GmbH, ein Teil von Springer Nature 2019
Das Werk einschließlich aller seiner Teile ist urheberrechtlich geschützt. Jede Verwertung, die nicht ausdrücklich vom Urheberrechtsgesetz zugelassen ist, bedarf der vorherigen Zustimmung des Verlags. Das gilt insbesondere für Vervielfältigungen, Bearbeitungen, Übersetzungen, Mikroverfilmungen und die Einspeicherung und Verarbeitung in elektronischen Systemen.
Die Wiedergabe von Gebrauchsnamen, Handelsnamen, Warenbezeichnungen usw. in diesem Werk berechtigt auch ohne besondere Kennzeichnung nicht zu der Annahme, dass solche Namen im Sinne der Warenzeichen- und Markenschutz-Gesetzgebung als frei zu betrachten wären und daher von jedermann benutzt werden dürften.
Der Verlag, die Autoren und die Herausgeber gehen davon aus, dass die Angaben und Informationen in diesem Werk zum Zeitpunkt der Veröffentlichung vollständig und korrekt sind. Weder der Verlag noch die Autoren oder die Herausgeber übernehmen, ausdrücklich oder implizit, Gewähr für den Inhalt des Werkes, etwaige Fehler oder Äußerungen. Der Verlag bleibt im Hinblick auf geografische Zuordnungen und Gebietsbezeichnungen in veröffentlichten Karten und Institutionsadressen neutral.

Springer Gabler ist ein Imprint der eingetragenen Gesellschaft Springer Fachmedien Wiesbaden GmbH und ist ein Teil von Springer Nature
Die Anschrift der Gesellschaft ist: Abraham-Lincoln-Str. 46, 65189 Wiesbaden, Germany

Vorwort

Liebe Leserin, lieber Leser,
das vorliegende Buch erklärt Ihnen, wie Sie Reden vorbereiten und halten können – kompakt und auf den Punkt. Es ist aus der Praxis für die Praxis entstanden. Ob Sie Gelegenheitsredner sind und zu privaten Anlässen sprechen – zur Hochzeit Ihrer Schwester, zur Taufe Ihres Enkelkindes, zur Beisetzung Ihres Freundes oder zum Geburtstag Ihres Sohnes – oder Berufsredner, der in einem Unternehmen, in einem Verband oder in einer Partei als Führungskraft Reden hält, ob Sie Redenschreiber sind, der zwar selbst nicht auftritt, aber für andere Redetexte entwirft, oder Pressesprecher, der den Auftritt des Redners medial begleitet, alle diese Teilaufgaben verweben sich miteinander und ergeben bei guter Vorbereitung und Umsetzung das, was man gemeinhin eine „gelungene" oder „erfolgreiche" Rede nennt.

Warum heißt nun der Titel dieses Buches „Redemanagement" und nicht einfach „Rhetorik" – wie gewohnt und üblich? Das Wort „Management" ist heute ein semantisches Topmodel. Darüber geht nichts und darunter will niemand. Wer etwas auf sich hält, nennt sich „Manager". Inzwischen taucht dieses Wort in vielen Berufsbezeichnungen, Studiengängen und Publikationen auf und zieht

Menschen in seinen Bann. Das ist aber nicht der Grund, weshalb ich es auch verwende. „Redemanagement" soll hier ein anderes Wort ersetzen, das zwar gleichwertig, aber sperrig ist: „Handhabung" oder, in unserem Fall, „Redehandhabung". Damit bleibt noch die Frage unbeantwortet: Warum nicht einfach „Rhetorik"?

Die klassische Rhetorik befasst sich mit der Rede als einer individuellen Leistung: Der Orator hält eine Rede vor einem Publikum. Führungskräfte in Wirtschaft und Politik sind heute aber eingebunden in Organisationen, deren Vision und Strategie, Ansehen und Ruf den Takt angeben, wonach Mitarbeiterinnen und Mitarbeiter, darunter auch Führungskräfte, reden und handeln. Abstimmungen, Rückversicherungen, rechtliche Fragen und mediale Aspekte sprengen den Rahmen des rein Rhetorischen im klassischen Sinne. Natürlich hätte ich einen erweiterten Begriff von Rhetorik verwenden können, aber „Redehandhabung" oder eben „Redemanagement" lenkt den Blick besser auf diese Nebenaspekte.

Reden in Organisationen umfassen ganz allgemein gesprochen drei Schritte: vorbereiten, abstimmen, halten. Zum ersten Schritt gehört das „Redenschreiben", der dritte ist die „Rhetorik". Der zweite schlägt die Brücke zwischen dem ersten und dem dritten, aber es ist eine maßgebliche, die oft dem Blick derer entgleitet, die Reden in Auftrag geben oder halten. Zu Unrecht, denn vom zweiten Schritt hängt die – hohe oder niedrige – Qualität von Reden ab. Kurzum: Die Organisation von Reden ist mindestens genauso wichtig wie deren Aufsetzen und Halten. In diesem Sinne umfasst „Redemanagement" mehr als die bloße „Rhetorik". Damit soll keineswegs die Bedeutung der Rhetorik geschmäht werden, denn Rhetorik ist mehr als die Kunst der guten Rede. Sie zeichnet vielmehr den Menschen als redefähiges Wesen aus und hebt ihn von anderen Lebewesen als redeunfähige ab. Die Frage, inwiefern der Mensch ein rhetorisches Wesen ist, unangesehen dessen, ob er gut oder schlecht redet, ist ein anderes Thema, das nicht hierhergehört und mit dem sich gesondert auseinandergesetzt werden muss.

Die Rede ist eine, wie die Alten sie zu nennen pflegten, „Psychagoge", eine „Seelenleitung" – das heißt die Hinführung zu einer Meinung, zu einer Einstellung oder zu einer Tat. Natürlich müssen wir nicht immer mit den alten Griechen und Römern beginnen, sobald wir über Beredsamkeit sprechen. Dass wir dies oft tun, zeigt, wie wenig sich die Zutaten einer guten Rede im Laufe der Zeiten verändert haben. Den vielleicht wichtigsten Wandel in der Rhetorik hat die Entwicklung der Medien ausgelöst. Gerade Berufsredner wissen, dass ihre Publika nicht mehr nur im Saal sitzen, sondern auch an Fernseh- und Computerbildschirmen, dass ihre Zuhörer einen größeren Kreis ausmachen als die unmittelbar Anwesenden im Saal und dass das anwesende Publikum vor Ort und das mittelbar über Medien präsente Publikum Rede und Redner unterschiedlich, zuweilen auch widersprüchlich wahrnehmen und einschätzen. Und sie wissen auch, dass die Vermittlung von Reden durch Medien interessengeleitet sein kann, dass Medien durch ausgewählte O-Töne und eigene Kommentare die Wahrnehmung von Reden färben und ihnen einen Dreh geben, der vielleicht nicht im Sinne des Redners ist, mit dem aber dieser immer rechnen muss. Diese Aspekte kommen nicht immer gleich wuchtig zur Geltung, sie spielen bei Gelegenheitsrednern sicher eine geringere Rolle als bei Berufsrednern, dennoch sollten sie stets bedacht werden.

Vier Anmerkungen
- Erstens: Gleich, ob Sie viel oder wenig Reden halten, sollten Sie sich etwas Zeit nehmen und an sich ebenso wie an Ihren Reden arbeiten – vor Ihrem Auftritt mit Übungen und danach mit Rückschau und Kritik. Wenn niemand Ihnen etwas über Ihren Auftritt sagt, holen Sie sich eigenständig Meinungen ein und wägen Sie sie ab – nicht aus Höflichkeit, sondern aus Bildungstrieb. Solche Meinungen müssen nicht immer richtig sein, doch helfen sie Ihnen, Ihre eigene Wirkung besser einzuschätzen. Die Ausrede „Ich habe keine Zeit" gilt nicht. Sie gilt deshalb nicht, weil „Rede" ein wirkungsvolles Instrument ist, mit dem Sie Ihr Ansehen mehren oder widrigenfalls auch dem Ihrer Organisation schaden können. „Nebenbei"-Beredsamkeit ist unergiebig und wer viel spricht, ist noch lange kein guter Redner. Routine kann helfen, auf sie allein darf man sich aber nicht verlassen. Natürlich müssen Sie nicht jede Rede stundenlang nachbereiten. Aber in regelmäßigen Abständen Zeit auszubedingen und einen auswertenden Blick zurückzuwerfen, wäre sinnvoll. Das spart später viel Zeit. Und erhöht die Qualität. Beredsamkeit ist

entgegen landläufigen Vorstellungen keine Kochkunst, bestehend aus Checklisten, sondern Bildung, Persönlichkeitsbildung.
- Zweitens: Sie werden in Buchläden und auf dem Seminarmarkt Titel finden, die Ihnen *„teuflische"* Tipps, *„geheime"* Tricks oder *„machiavellistische"* Griffe versprechen. Reizende Absichten, reißende Namen! Gar keine Frage. Aber verabschieden Sie sich von Allmachtfantasien, davon, dass Sie im „Handumdrehen" Menschen „manipulieren" und ihnen, wächsern wie sie vermeintlich sind, Ihre Lieblingsformen aufdrücken können. Wäre alles bloß so einfach! Die Manipulierbarkeit des Menschen endet an der Grenze seiner Freiheit. Ähnliche Titel erwecken aus Marketinggründen den Eindruck, man könne Leserinnen und Leser mit „Geheimwissen" füttern, mittels derer sie ihrerseits andere hinter das Licht führen oder über den Tisch ziehen. Das mag sogar manchmal zutreffen, aber wer in Organisationen Verantwortung trägt, will etwas anderes: Das Handeln der eigenen Organisation legitimieren, Vertrauen schaffen, Ansehen mehren. „Verpackung" allein überzeugt einmal oder zweimal, langfristig aber nährt sie Zweifel an der Glaubwürdigkeit des Unternehmens und schwächt dessen Reputation.
- Drittens: Es ist üblich, dass Werke wie dieses am Ende eine Checkliste enthalten, eine Art „Denken Sie bitte auch daran!". Solche Checklisten sind hilfreich. Gar keine Frage. Aber sie sind nur Krücken. Laufen muss man auf eigenen Beinen. Auch hier gilt: Das Ganze ist mehr als die Summe seiner Teile. Das heißt, man kann einzelne Teile richtig gestalten und das gute Gesamtergebnis dennoch verfehlen.

Entscheidend ist – und das geht über rein rhetorische Fertigkeiten und Fähigkeiten hinaus – der Gemeinsinn. Auch die Rhetorik hat einen Sinn, wie das Sehen das Auge oder das Hören das Ohr oder das Tasten die Haut hat. Der Gemeinsinn ist der Sinn der Rhetorik, und er erkennt, welches Wort, welches Verhalten oder welcher Blick in der gegebenen Situation angemessen ist und welches Verhalten aus dem Rahmen fällt. Neuzeitlich ausgedrückt handelt es sich um die sogenannte „soziale Kompetenz". Dieser Sinn greift auf das Ganze aus – Redner, Publikum, Ort, Zeit, Thema, Stimmung, Vorurteile usw. Was trifft die Stimmung des Publikums? Kommt es mit oder schaltet es ab? Checklisten sind außerstande, diese Aspekte zu ermitteln. Wohl aber der Gemeinsinn, der auch das Taktgefühl steuert. Das Angemessene ist nicht das Gemessene und Messbare, wonach die Kommunikation heutzutage lechzt und als Maßstab nimmt; es ist weil qualitativer und nicht quantitativer Natur.

- Viertens: Heute gilt Rhetorik als ein Teil der Kommunikation – neben Marketing, PR, Verkaufsförderung, Werbung, Lobbying usw. Ideengeschichtlich ist es aber genau umgekehrt: In der Rhetorik war bereits das vorgebildet, was später „Kommunikation" hieß. „Zielgruppe", „Botschaft", „Stimmung", „Angemessenheit", „Verständlichkeit", „Inszenierung" waren schon in der Antike Parameter, die gegriffen haben, bevor die Neuzeit diese Größen aus dem rein rhetorischen Kontext herausgelöst und auf das bezogen hat, was heute „Kommunikation" im weiten Sinne heißt.

Wir können füglich behaupten, dass alle Kommunikation rhetorisch ist – sogar Architektur, Musik oder Mode. Der Mensch selbst ist ein rhetorisches Wesen – anders als Pflanzen und Tiere. Katzen können eben nicht rhetorisch mauzen. Daher ist Rhetorik, wie oben erwähnt, Persönlichkeitsbildung und keine reine Ausbildung und Ansammlung von „Griffen" und „Kniffen", mit denen man, wie Salz und Pfeffer bei Speisen, Reden abschmeckt, im Handumdrehen Menschen überlistet. Kurzfristig mögen solche Machtgelüste befriedigt werden, aber langfristig setzt die Freiheit des Menschen jedem auch noch so listreich versponnenen Manipulationsversuch heilsame Grenzen.

Dresden Dr. Vazrik Bazil
im August 2018

Inhaltsverzeichnis

1	**Zwei Fragen: Was ist eine gute Rede und wer ist ein guter Redner?**		1
	1.1 Was ist eine gute Rede?		1
	1.2 Wer ist ein guter Redner?		7
	Literatur		16
2	**Fünf Tätigkeiten des Redners**		17
	2.1 Erfindung		19
		2.1.1 Entwerfen Sie eine „Blaue Rede"	19
		2.1.2 Bahnen Sie sich den Weg von fremden zu eigenen Ideen	22
		2.1.3 Erstellen Sie Ihr Selbstkonzept	25
		2.1.4 Schreiben Sie Ihre Urrede	27
		2.1.5 Legen Sie Ihr Archiv an	29
		2.1.6 Recherchieren Sie	30
	2.2 Anordnung		32
		2.2.1 Zukunft überzeugt	32
		2.2.2 Setzen Sie Werterahmen oder *Frames* ein	33
		2.2.3 Schaffen Sie Ordnung im Text und Kopf	34

	2.2.4	Fangen Sie nie mit Adam und Eva an	35
	2.2.5	Achten Sie auf Eindrücke	36
	2.2.6	Wiederholen Sie	39
2.3	Formulierung	40
	2.3.1	Reden kommt vor Schreiben	40
	2.3.2	Satzzeichen sind der Atem der Rede	43
	2.3.3	Textbausteine sind Bauelemente	43
	2.3.4	War am Anfang die Anrede?	44
	2.3.5	Das Unverständliche – Fluch und Segen	45
	2.3.6	Von Nutzen und Nachteil der Floskeln	46
	2.3.7	„Wie Witzig …"	48
	2.3.8	Schein schlägt Sein	50
	2.3.9	Metaphern und Wurzelmetaphern, in denen wir uns bewegen	52
	2.3.10	Regeln Sie den Eingang und Ausgang	55
	2.3.11	Binden Sie Aufmerksamkeit	56
	2.3.12	Entschuldigung muss gekonnt sein	57
	2.3.13	SemioDialog	58
	2.3.14	Raus aus dem Trott	65
2.4	Gedächtnisübung	67
	2.4.1	Ist das Gedächtnis ein leeres Fass?	68
	2.4.2	Denken Sie im Sprechen	69
	2.4.3	Das Gedächtnis ist eine Landkarte	69
	2.4.4	Typoskripte sind Übungssache	70
2.5	Auftritt	73
	2.5.1	Sie reden mit mehreren Zungen – zur Erinnerung!	74
	2.5.2	Was macht die Wirkung einer Rede aus?	75
	2.5.3	„Ach, ist er sympathisch!"	77
	2.5.4	Sprechen Sie nie vor einem Publikum	78
	2.5.5	Sammeln Sie mit dem ersten Blick	78
	2.5.6	Kunstpausen oder beredtes Schweigen sind heilsam	79
	2.5.7	Powerpoint ist der schwache Punkt	79
	2.5.8	Sie sind auf dem Präsentierteller	80

2.5.9	*Theatrum mundi* oder: Die Welt ist ein Theater	81
2.5.10	Achten Sie auf Reihenfolgen	82
2.5.11	Wenn das engmaschige Netz eine Rede fängt	84
2.5.12	Gute Rede muss nicht rhetorisch sein	87
2.5.13	Stimmen schaffen Stimmungen	88
Literatur		94

3 Organisation 99

3.1	Redner und Redenschreiber oder: Mund und Hand	100
3.2	Jedem Anfang wohnt eine Zauberfrage inne	101
3.3	„Gute Stimmung" ist ein neckisches Umspiel	103
3.4	Gastfreundschaft hat rhetorischen Wert	104
3.5	Redenschreiber sind auch Sprachchefs	105
3.6	Gehen Sie einen ungewöhnlichen Weg	105
3.7	Die ersten 100 Tage sind bewegte Tage	106
3.8	Die Kunst der Verkettung	107
Literatur		108

Nachwort 109

Literatur 113

Weiterführende Literatur 115

1

Zwei Fragen: Was ist eine gute Rede und wer ist ein guter Redner?

Was Sie aus diesem Kapitel mitnehmen
- Was eine gelungene Rede ausmacht
- Welche Ziele Reden überhaupt haben können
- Woran Sie die Wirkung von Reden erkennen

1.1 Was ist eine gute Rede?

Diese Frage scheint überflüssig zu sein, liegt doch die Antwort auf der Zunge: Eine Rede ist gut, wenn sie das Publikum überzeugt. Arthur Schopenhauer (1788–1860) bringt es auf den Punkt:

> Beredsamkeit ist die Fähigkeit, unsere Ansicht einer Sache, oder unsere Gesinnung hinsichtlich derselben, auch in Andern zu erregen, unser Gefühl darüber in ihnen zu entzünden und sie so in Sympathie mit uns zu versetzen; dies Alles aber dadurch, dass wir, mittelst Worten, den Strohm unserer Gedanken in ihren Kopf leiten, mit solcher Gewalt, dass er den ihrer eigenen von dem Gange, den sie bereits genommen, ablenkt und in seinen Lauf mit fortreißt. Dies Meisterstück wird umso größer sein, je mehr der Gang ihrer Gedanken vorher von dem unsrigen abwich.

> Hieraus wird leicht begreiflich, warum die eigene Überzeugung und die Leidenschaft beredt macht, und überhaupt Beredsamkeit mehr Gabe der Natur, als Werk der Kunst ist: doch wird auch hier die Kunst die Natur unterstützen (Schopenhauer 1987, S. 158).

Unsere Gefühle in anderen zu entzünden, den Strom unserer Gedanken in andere Köpfe zu leiten und sie in Sympathie mit uns zu versetzen, sind treffende Beschreibungen für das, was wir bündig „Überzeugung" oder „Persuasion" nennen, und gelten ohne Abzug und Zutat.

Aber sobald wir eine Rede hören und die Frage beantworten wollen, ob diese Rede gelungen sei oder nicht, fällt uns die Antwort nur auf den ersten Blick leicht, indem wir feststellen, dass sie uns gefallen hat oder nicht. Aber ist unser Gefallen oder Missfallen auch Zeichen gelungener oder misslungener Rede?

Reden haben, wie jede Kommunikation, vier Ziele (Avenarius 2000, S. 202):

- Informieren
- Meinungen ändern oder festigen
- Einstellungen ändern oder festigen
- Verhalten ändern oder festigen

Diese Ziele sind unabhängig voneinander; sie bauen nicht aufeinander auf. Die Zuhörer ändern nicht ihr Verhalten, wenn sie zuvor ihre Einstellung und noch davor ihre Meinung geändert haben. Dominoeffekte treten nicht zwangsläufig ein. Aber woher wollen wir wissen, ob die Zuhörer ihre Meinung nach einer Rede geändert oder beibehalten haben oder ihre Einstellung oder ihr Verhalten? Und woher wollen wir wissen, dass sie sich an Informationen, die der Redner ihnen gegeben hat, auch noch zwei Tage nach dem Auftritt erinnern? Hierauf eine Antwort zu geben, ist schwer, zumal weitere Fragen auf dem Fuß folgen: Wären wir imstande, doch eine Meinungs- oder Verhaltensänderung zu beobachten, woher wollen wir wissen, dass es ursächlich die Rede war, die diese Veränderung bewirkt hat und nicht etwa ein einschneidendes Ereignis, das sich zwischen der Rede und unserer Beobachtung vollzogen hat? Welchen Anteil hat die Rede an der Verhaltensänderung und welchen Anteil das Ereignis? Was wir allerdings festhalten können, ist Folgendes: Je kürzer der zeitliche Abstand zwischen Rede und Verhaltensänderung, umso wahrscheinlicher der Einfluss der Rede, und umgekehrt: je größer der zeitliche Abstand, umso geringer diese Wahrscheinlichkeit. Verdeutlicht an einem Gedankenexperiment: Hält ein Kandidat eine Bewerbungsrede vor den Mitgliedern seiner Partei, obwohl der amtierende Vorsitzende im Amt bleiben will und die Versammlung den Kandidaten nach der Rede zum neuen Vorsitzenden wählt, während der amtierende unterliegt, ist die Wahrscheinlichkeit hoch, dass die Rede wesentlich an diesem Verhalten der Mitglieder beteiligt war. Stimmen aber die Mitglieder einige Tage später ab, dann sinkt die Wahrscheinlichkeit, dass es die Rede war, die das Verhalten der Mitglieder beeinflusst hat. Der unmittelbare Eindruck verflüchtigt sich und zwischenzeitlich ist manches geschehen ist, das die Stimmung der Mitglieder in diese oder jene Richtung beeinflusst hat.

Trotz dieser Ungewissheiten haben wir Anhaltspunkte, um zu ahnen, wie das Publikum eine Rede annimmt. Das Echo der Zuhörer auf eine Rede können wir vor allem an drei Zeichen erkennen: Emotionen, Medienresonanz, Aktionen (Bazil 2015, S. 10 ff.).

Emotionsbekundungen Applaus, Buh-Rufe, Gelächter, aufgeräumte Stimmung, Zwischenrufe usw. sind emotionale Zeichen, die die Redner erfreuen und betrüben. Es ist schön, Applaus, noch besser, lauten Applaus zu erheischen. Er signalisiert Zustimmung, auch Wohlwollen. Wenn die Rede dem Publikum gefällt, ist es gewogener und zugeneigter gegenüber dem Redner oder der Rednerin und Veranstalter, die denselben Redner oder dieselbe Rednerin ein nächstes Mal einzuladen planen, können berechtigte Hoffnungen auf einen vollen Saal hegen. Sympathie und Wohlwollen sind keine Petitessen. Im Gegenteil. Sympathischen Menschen schenken wir Vertrauen und wenn sie Fehler machen, drücken wir ein Auge zu; unsympathischen gegenüber sind wir zurückhaltender und machen unsere beiden Augen weit auf, um ein Härchen in der Suppe zu finden. Also machen wir bei den Unsympathischen aus Mücken Elefanten, bei Sympathischen aus Elefanten Mücken – unabhängig von Inhalt und Gehalt der Rede. Der rhetorische Fachbegriff für das Erringen des Wohlwollens heißt *„captatio* *benevolentiae"*, die den Nährboden für gelungene Reden düngt. Aber je besser wir eine Person kennen, umso weniger wirken sympathieerzeugende Kunstgriffe und umso mehr beschweren die Inhalte die Waagschale.

Medienresonanz Im Zeitalter der 150-Zeilen- oder 1,5-Minuten Berichte und 280-Zeichen-Twitter-Nachrichten achten Redner auf zitierfähige, häppchenfähige Sätze in ihrer Rede, damit Medien diese Sätze aufspießen und veröffentlichen. Ob die Medien ausgerechnet die Sätze streuen, die Rednern gefallen, ist vorgängig nicht ausgemacht. Oft sind es die unliebsamen Passagen, die das Licht der Öffentlichkeit erblicken. Presseabteilungen und Redner frohlocken, wenn der erste Fall eintritt. Resonanzen, wie unten, sind selten. Der Ex-BDI-Chef Hans-Olaf Henkel analysiert die Regierungserklärung von Bundeskanzler Gerhard Schröder vom 14. März 2003, berühmt auch als die „Agenda 2010"-Rede (vgl. Abb. 1.1), in der Welt am Sonntag.

Aber Medienberichte sind noch keine Zuhörerideen. Anders verhält es sich mit den sozialen Medien – wenn man von Social Bots absieht –, welche die Meinungen, Stimmungen und Gedanken der Nutzer enthalten und die Möglichkeit der nachträglichen Reaktion seitens der Organisation geben. Für jene Öffentlichkeit, welche die Rede überhaupt nicht gehört hat, weder live noch medial, sind der zitierte Satz, der entsprechende Medienbericht und die sozialmedialen Kommentare die ganze und eigentliche Rede. Mit allen Vor- und Nachteilen, die dieses Gebilde in sich birgt. Sätze, wie „Wir wollen mehr Demokratie wagen" oder „Ein Ruck muss durch das Land" oder „Ask not what your country can do for you, ask what you can do for your country" haben in unseren Köpfen Anker gelegt, aber wer kennt schon die Reden, in denen diese Sätze vorkommen? Ein Satz steht stellvertretend für eine ganze Rede, zuweilen auch für eine ganze Epoche, einen Zeitgeist. Was für ein Glück für den Redner, wenn er im guten Licht steht, und Pech, wenn im Zwielicht. Als Ronald Reagan 1987 seine Mauerrede hielt, sagte er entgegen dem Rat der meisten seiner Berater, „Mr. Gorbachev, tear down this wall". Diese sechs Worte machten Geschichte. Und sein Redenschreiber, Peter Robinson,

1 Zwei Fragen: Was ist eine gute Rede und wer ist …

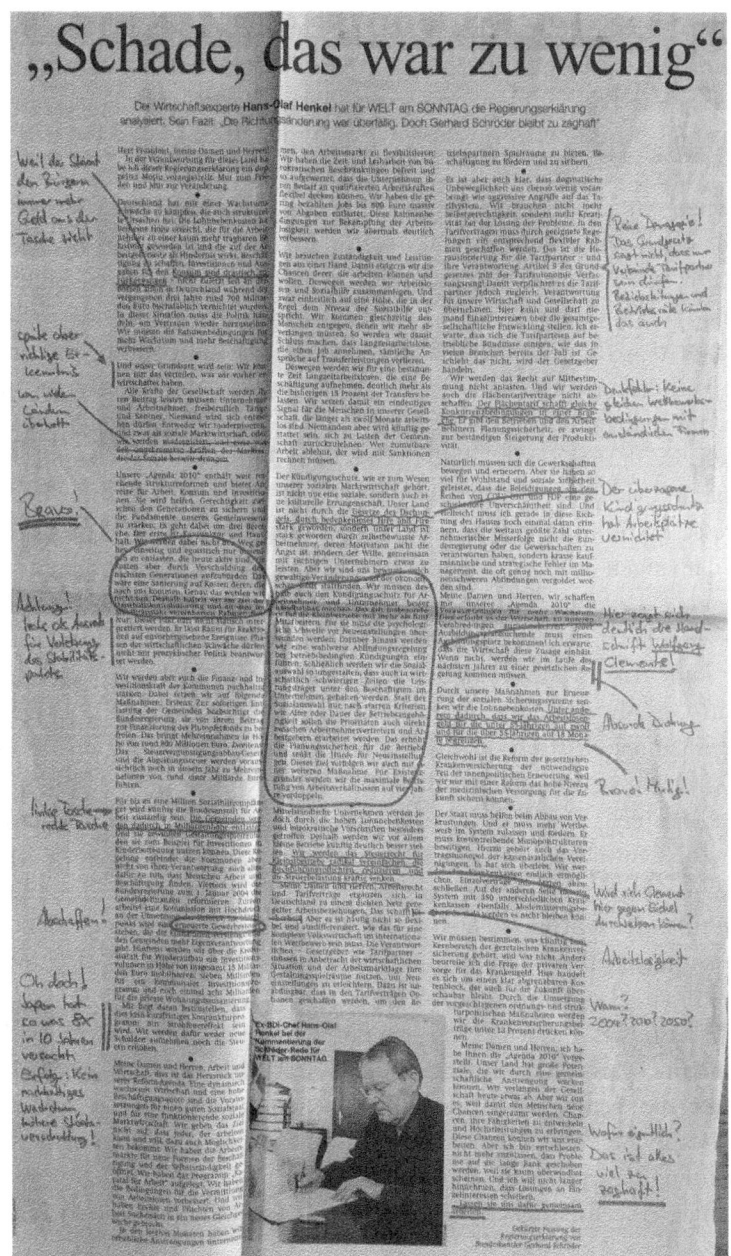

Abb. 1.1 Redeanalyse. (Quelle: Welt am Sonntag, Ausgabe vom 16.03.2003)

erzählte, er habe einmal diesen Satz geschrieben, und zwei Jahre später sei die Mauer gefallen. Aber wenn er zu Hause seiner Frau einen Zettel schreibe, das Badezimmer müsse mal aufgeräumt werden, passiere gar nichts (vgl. Arntz 2007, S. 4–5).

Aktionen Sie schließen sich an Reden an und sind wie Sechser im Lotto. Nach einer Rede von Bundespräsident Richard von Weizsäcker im Jahre 1986 zum 200. Todestag Friedrichs des Großen haben 15 Oberste und Generäle der Führungsakademie der Bundeswehr in Koblenz den Redenschreiber eingeladen, um mit ihm über diese Rede zu diskutieren. Gewiss war eine solche Nachfassaktion nicht das unmittelbare Ziel des Bundespräsidenten, aber sie zeugt von der starken Wirkung seiner Rede. Solche Aktionen sind beglückende Momente, weil sie zeigen, wie eine Rede Fragen aufwirft, die das Interesse bestimmter Kreise am Thema wach halten. Auch die Abwahl des damaligen SPD-Parteivorsitzenden Rudolf Scharping am 16. November 1995 in Mannheim nach der Rede von Oskar Lafontaine zählt zu solchen Aktionen. Daran lässt sich die direkte Wirkung einer Rede auf das Wahlverhalten der Delegierten genauso beobachten wie an der Abstimmung im Deutschen Bundestag über die Frage der Bundeshauptstadt nach der Rede von Wolfgang Schäuble am 20. Juni 1991. Doch bilden solche Reden eher glückliche Ausnahmen. Ein letztes Beispiel: Walter Scheel hat am 17 Juni 1978 eine bedeutende Rede zur deutschen Einheit gehalten, bedeutend deshalb, weil damals deutsche Schulen und Universitäten nichts mehr über die Einheit Deutschlands lehrten. Nach dieser Rede versammelten sich die Kultusminister aller Länder und beschlossen, die deutsche Teilung als Lehrstoff an allen Schulen einzuführen.

Alle Kriterien, die wir in der Rhetorik aufstellen und welche auch in diesem Buch erörtert werden, sind, wie es heißt, „ohne Gewähr". Sie erhöhen die Wahrscheinlichkeit, dass Reden gelingen, aber sie garantieren es nicht. Was letztlich den Ausschlag gibt, bleibt in den tiefen Schächten der menschlichen Seele verborgen. Vielleicht gibt diesen Ausschlag eine Kleinigkeit, ein Blick, eine Gebärde, ein Lichtstrahl im

Saal, ein Duft. Die Frage, welchen Gang die Weltgeschichte genommen hätte, wenn die Nase von Kleopatra anders gewesen hätte, ist gewiss keine geschichtswissenschaftliche, aber nicht deshalb eine lebensferne. Hätte Kleopatra eine hässliche Nase gehabt, hätte sich Caesar wahrscheinlich nicht in sie verliebt, und die Welt sähe heute anders aus. Heinrich von Kleist (1777–1811) bringt es auf den Punkt: „*Vielleicht, dass es auf diese Art zuletzt das Zucken einer Oberlippe war, oder ein zweideutiges Spiel an der Manschette, was in Frankreich den Umsturz der Ordnung der Dinge bewirkte.*" (Kleist 1982, S. 882). Schade, dass wir über die Wirkung unserer Reden und die der anderen nicht wissen können, welchen gewundenen Weg sie gehen, um etwas zu bewirken. Was bleibt, ist Unsicherheit und Ahnung. Was bleibt, ist die Rede als Abenteuer – überraschend, spannend und reizvoll.

1.2 Wer ist ein guter Redner?

Ein guter Redner hat keine besondere Physiognomie: klein oder groß, bebrillt oder augengelinst, modisch gekleidet oder bieder daher kommend, tief oder flach blickend. Alle Menschen mit diesen oder vielen anderen Eigenschaften können gute oder schlechte Rednerinnen und Redner sein. Wer viel spricht, ist noch kein guter Redner, und wer viel schweigt, auch nicht. Ein gewisser Fleiß gehört sicher dazu, weil Redner bereit sein sollten, zu üben. Übung macht den Meister, heißt es. Richtiger wäre es zu sagen: Richtige Übung macht den Meister. Mechanisch Auftritte hintereinander zu absolvieren und sich davon die Ausbildung der eigenen Redefertigkeit zu erhoffen, ist gut gemeint, aber halb gar gedacht. Nur Routine verflacht. Gebrochene Routine aber verfeinert. Deshalb sollten Redner Zeit in Beredsamkeit investieren. „Wir haben keine Zeit", gilt nicht! Dann hat die Rede auch keine Zeit, die ersehnte Wirkung zu zeigen.

Und was macht der Redner, wenn er gerade keine Reden hält? Ein guter Redner ist ganz Kopf. Er denkt über seine Themen nach und meditiert auf bevorstehende Reden hin – sammelt, verknüpft, gliedert, analysiert. Es ist, wie Johann Wolfgang von Goethe (1749–1832) es in seinem „Faust" sagt (Erster Teil, S. 63):

mit der Gedankenfabrik

Wie mit einem Weber-Meisterstück,

wo ein Tritt tausend Fäden regt,

die Schifflein herüber, hinüber schießen,

die Fäden ungesehen fließen,

ein Schlag tausend Verbindungen schlägt

Ein guter Redner ist auch ganz Ohr. Er spricht über seine Themen mit anderen und hört, was sie sagen. Je verschiedener die Kreise sind, in die er hineinhört, umso abgeschatteter ist der Stoff, dem er nachdenkt. Er achtet auch darauf, wie seine Zielgruppen sprechen, welche Wörter sie benutzen, welche Wendungen in Umlauf sind.

Ein guter Redner ist ganz Zunge. Er führt Selbstgespräche und wechselt von stummem Selbstgespräch zu lautem Selbstgespräch, denn die eigene Stimme zu hören, zündet neue Gedanken. Johann Gottlieb Fichte (1762–1814) führt dazu aus: „*Laut Denken gibt überhaupt unseren Begriffen einen neuen Grad von Klarheit und Bestimmtheit. Es bringt Sinnlichkeit und Verstand in eine engere Verbindung, macht die abstraktesten Ideen des letzteren darstellender und die Bilder des ersteren einfacher und geordneter.*" (Fichte 1962, S. 131). Weil er ganz Zunge ist, weiß er auch, wann Schweigen besser ist als Reden.

Ein guter Redner ist ganz Hand. Dazu erneut Fichte: „*Die glücklichste und einzige Art, sich in zusammenhängenden Denken zu üben, [ist] die – eigene Aufsätze zu machen. Sie ist die beste und sicherste Übung im Selbstdenken, in der Aufmerksamkeit, im zusammenhängenden Raisonnement.*" (Fichte 1962, S. 130). Ich habe mir zur Gewohnheit gemacht, Hefte anzulegen, in denen ich überraschende Wendungen, Geschichten, Gedanken aufschreibe und Zeitungsartikel,

Eintrittskarten, Handzettel einklebe. Von Zeit zu Zeit blättere ich in ihnen und, je nach Redeanlass, sauge Honig daraus (vgl. Abb. 1.2, 1.3 und 1.4):

Auch Ihnen empfehle ich, Hefte zu „beschmieren" und aus ihnen „Ideenhefte" und „Redehefte" zu machen. Selbstverständlich können Sie auch Dateien anlegen. Ich persönlich bevorzuge das Haptische, weil, wie vorhin gesagt, der Leib mitdenkt und die Hand, die schreibt, Ideen hervorbringt. Indem Sie Ihre Hefte ab und zu durchblättern oder Ihre Dokumente öffnen, lernen Sie einiges von ihnen auswendig und greifen automatisch bestimmte Themen und Wendungen auf, die ihnen geläufig sind.

Ein altbewährtes Mittel, um Meisterschaft zu erringen, ist die Nachahmung! Wir reden in der Öffentlichkeit so oft von Innovation, dass die Imitation, also die Nachahmung als Kulturtechnik, bewährt und von vielen Meistern angewandt, in Vergessenheit geraten ist. Genauso wie alte Meister, Maler oder Komponisten die Werke noch älterer Meister nachgeahmt, nach-vollzogen haben, indem sie in Museen deren Bilder abgemalt oder zu Hause deren Kompositionen abgeschrieben haben, so verfahren Sie auch mit Reden. Sind Sie der Redner, dann nehmen Sie einen guten Text – Sie finden sie in Anthologien – und tun Sie so, als ob Sie Ihre eigene Rede laut vortrügen. Sind Sie ein Redenschreiber, nehmen Sie aus denselben Anthologien gute Redetexte heraus und schreiben Sie sie aufmerksam ab. Sie brauchen keineswegs den gesamten Text fleißig abzuschreiben, zwei bis drei Absätze, langsam, konzentriert und wiederkäuend geschrieben, reichen völlig aus, um im wahren Sinne nachzuvollziehen, wie der Autor den Text komponiert hat. Nichts anderes taten Richard Wagner oder Belá Bartok, als sie Beethoven abschrieben und Pablo Picasso als er Rembrandt abmalte. Sie versetzten sich in die Lage dieser Meister, vollzogen deren musikalischen oder malerischen Gedanken nach und übten sich so in Meisterschaft.

Heute verwenden wir „nachvollziehen" im Sinne von „verstehen"; es heißt aber eigentlich „wiederholen", eben nach-vollziehen. Wollten man „verstehen" ausdrücken, dann müsste die richtige Wendung heißen: „Ich kann Ihre Gedanken nachvollziehen", d. h. „verstehen". Sagt aber ein Richter einem Verbrecher „Ich kann Ihre Tat nachvollziehen",

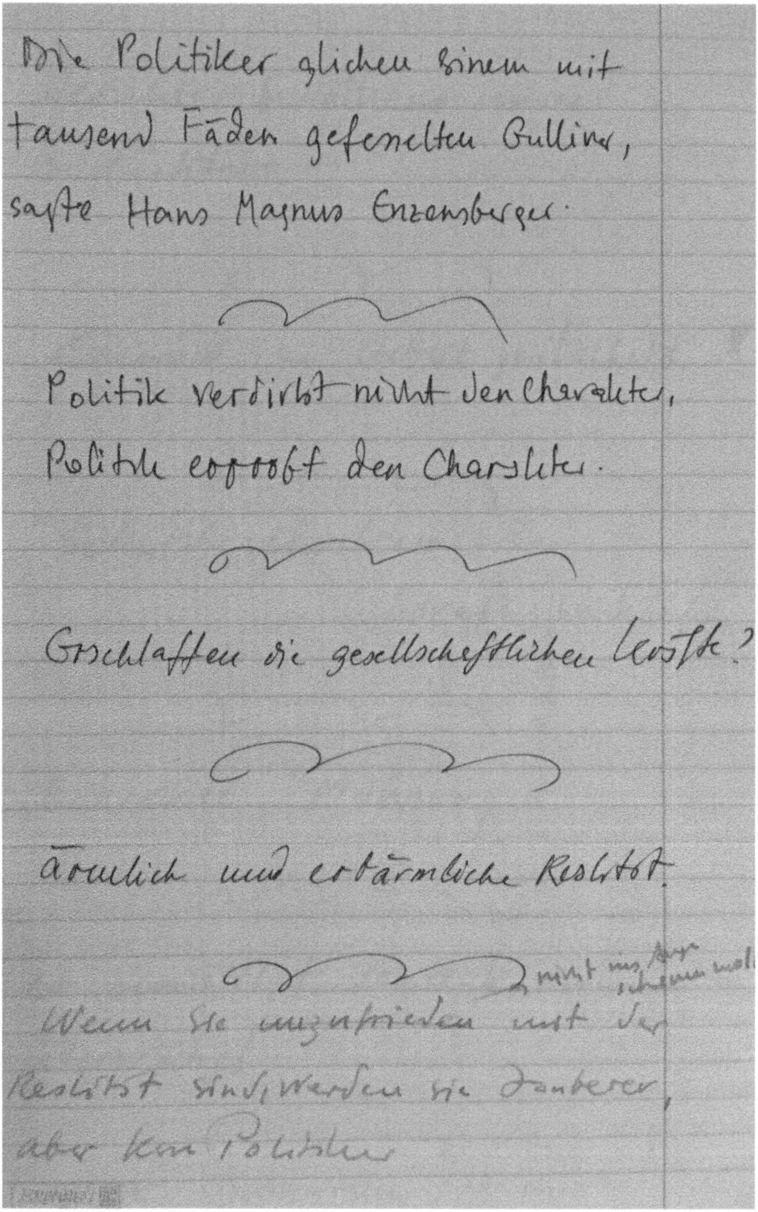
Die Politiker glichen einem mit
tausend Fäden gefesselten Gulliver,
sagte Hans Magnus Enzensberger.

Politik verdirbt nicht den Charakter,
Politik erprobt den Charakter.

Erschlaffen die gesellschaftlichen Kräfte?

Ärmlich und erbärmliche Realität.

nicht ins Auge schauen wol
Wenn Sie unzufrieden mit der
Realität sind, werden Sie Zauberer,
aber kein Politiker

Abb. 1.2 Beispiele aus meinen Heften

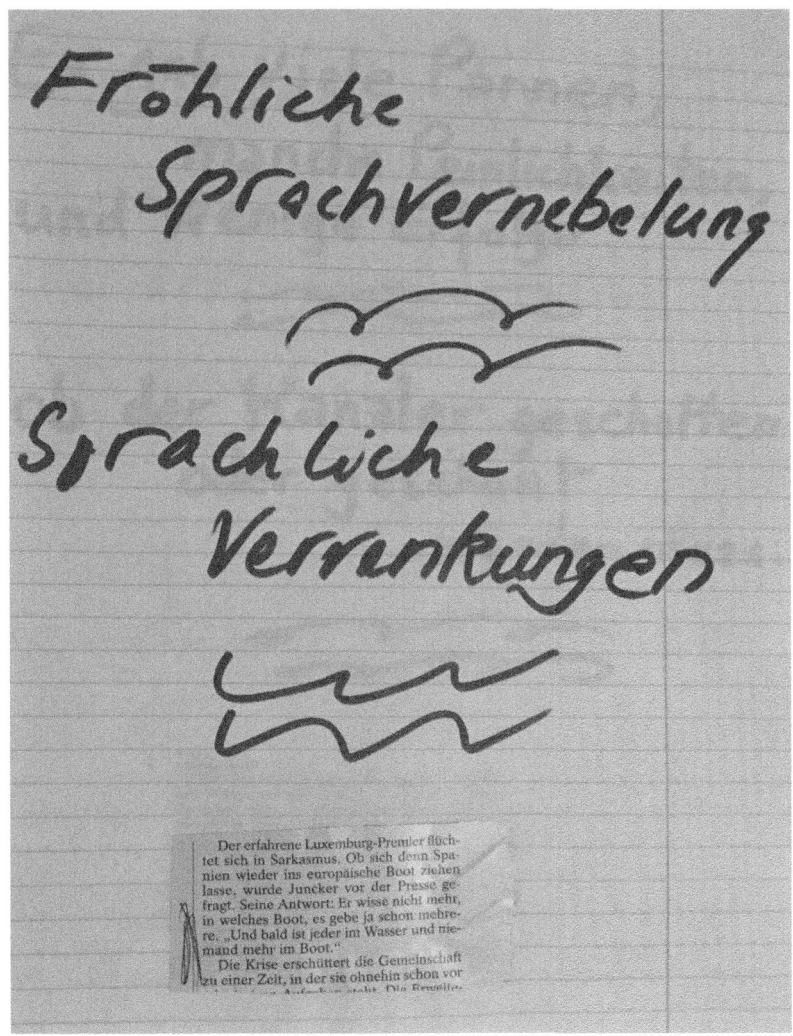

Abb. 1.3 Beispiele aus meinen Heften

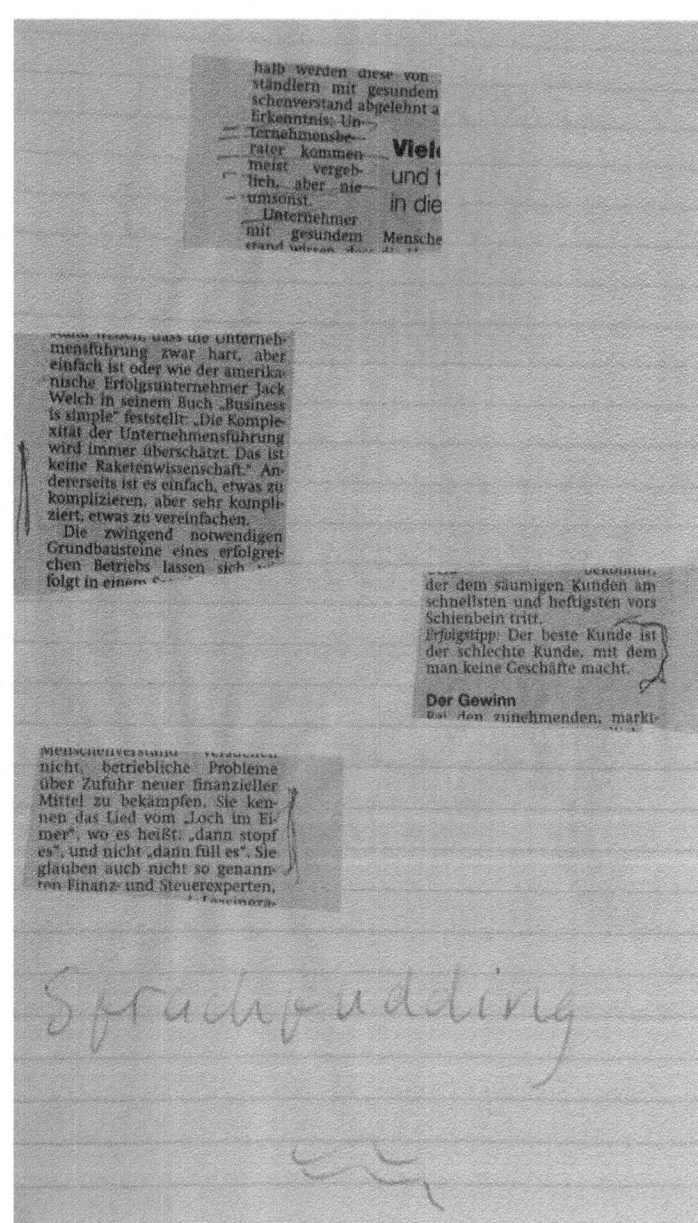

Abb. 1.4 Beispiele aus meinen Heften

dann sollten die Menschen im Gerichtssaal aufstehen und dem Richter zurufen: „Euer Ehren, Sie brauchen die Tat aber wirklich nicht zu wiederholen!"

Ein guter Redner ist ganz Auge. Er beobachtet die Menschen und ihr Verhalten; er beobachtet ihre Mimik und Körpersprache – auf der Straße, in Läden, im Büro, in Ballsälen. Vor allem beobachtet er andere Redner und das Echo des Publikums auf deren Auftritt. Stimmen Wort und Geste überein? Welche Witze greifen? Welche Geschichten schlagen an? Bei welchen Stellen hört das Publikum dem Redner aufmerksam zu? „Liest" der Redner die Reaktionen der Zuhörer und wie „antwortet" er ihnen?

Ein guter Redner ist auch ganz Nase. Er übt sich darin, Stimmungen einzuschätzen. Er lernt, den richtigen Augenblick für das richtige Wort zu wittern – beim Umtrunk, im Büro, in der Bar oder zu Hause. „Kairos" hat man diesen richtigen Augenblick genannt und ihn von „Kronos" geschieden, von der Zeit der Uhr, die nur Aufeinanderfolge kennt und keinen „richtigen Zeitpunkt" und keine „reife Zeit". Der gute Redner wittert den richtigen und rechten Augenblick, an dem sein Wort „sitzt".

Ein guter Redner spricht nicht nur den Verstand an, d. h. das logische Denken, indem er einigermaßen schlüssige Argumente für und wider liefert; er spricht auch nicht nur das Gefühl an, indem er Affekte und Leidenschaften bewegt, sondern er trifft auch den Geschmack, indem er sich gefällig ausdrückt – nicht nur durch Worte, sondern auch durch Stimme, Mimik und Körpersprache. Reden sind gewiss keine Prosawerke. Sie müssen nicht „schön" sein im ästhetischen Sinne, aber wir wissen, dass Ästhetik eine hohe persuasive Kraft ausstrahlt – nicht nur in der Mode. Dass Attraktivität heute ein immaterielles Gut ist, wie Aufmerksamkeit oder Ruf, kommt nicht von ungefähr. Daher können gefällige, sogar rhythmische Sätze die Überzeugungskraft von Reden erhöhen. Aber Schönheit soll hier nur der Wirkung dienen und nicht um ihrer selbst willen eingesetzt werden. In dieser Hinsicht ist folgender Redeeinstieg beispielhaft:

> Musizieren und Musik zu hören ist schöner, als über Musik zu sprechen. Aber es ist schöner, von Musik als von anderen Themen zu reden. Wie oft haben wir schon Veranstaltungen mitgemacht, bei denen die Musik laut

Programm den Rahmen bildete. Und dennoch war sie zumeist schöner als das, was sie nur einzurahmen bestimmt war. Heute sind wir allein um der Musik willen versammelt, und da mag es erlaubt sein, die Musik mit Worten einzurahmen, die ihrer Huldigung gewidmet sind (Weizsäcker 1987, S. 99).

Schließlich ist ein guter Redner ein „Red-licher" und nicht „Red-loser". Die Gebrüder Grimm erklären „redlich" als *„nach rede … wofür man rede stehen kann, wie es zu verantworten ist"* und „redelos" als *„frei von Verantwortung … sprachlos, verstummend."* Der gute Redner verantwortet das, was er sagt, sonst handelt er so, also ob er stumm wäre. Marcus Fabius Quintilianus (um 35 – um 96) nennt diesen Redner „orator bonus". Er steht hinter dem, was er sagt, wohl wissend, dass die Menschen sich am ehesten von denen überzeugen lassen, die selbst von ihrer Sache überzeugt sind.

Heute spielt das Ethische weniger eine absolute Rolle, eher eine relative – relativ auf den Erfolg, zu dem es beitragen soll. Hier ist nicht der Rahmen, um über utilitaristische Ethik zu schreiben, wohl aber über eine andere Vorstellung, die eine große Karriere gemacht hat: „Authentizität". Müssen aber Redner authentisch sein?

Wenn Authentizität heißen soll „bleibe so, wie du bist", dann hätten Bildung und Ausbildung keinen Sinn mehr, auch nicht in der Redekunst. Johann Gottfried von Herder (1744–1803) schreibt: *„Die Natur des Menschen ist Kunst. Alles, wozu eine Anlage in seinem Dasein ist, kann und muss mit der Zeit Kunst werden."* (Herder 1963, S. 96). Kultivieren und Lernen heißen: „Bleibe nicht so, wie du bist". Wenn jemand Zyniker ist und versteht, dass in öffentlichen Reden Zynismus beim Publikum einen faden Beigeschmack hinterlässt; wenn einer redselig ist und lernt, dass lose Zungen in öffentlichen Reden gebändigt werden müssen; wenn einer zum Pessimismus neigt und lernt, dass öffentliche Reden ermuntern und antreiben sollten, dann bleibt er nicht so, wie er ist. Die harmlose Forderung „bleibe so, wie du bist" gilt nicht einmal im außerrhetorischen Umgang der Menschen untereinander. Bittet jemand einen anderen um Verzeihung, weil er diesen belogen hat, und verzeiht dieser ihn, dann heißt es, dass er ihn eben nicht an seinem Vergehen festnagelt und sagt: „Ich verzeihe dir, weil du nun mal so bist, wie du bist". Im Gegenteil: „Durch mein Verzeihen gebe ich dir deine Freiheit zurück, damit du anders wirst, wahrhaftig wirst". Es ist auffallend, wie viele bei Reden nach der Authentizität des Redners fragen und im selben Atemzug nach dessen Inszenierung. Wer dies tut, merkt entweder nicht, dass Inszenierung der Gegensatz von Authentizität ist, oder, und das ist der andere Sinn unseres Zauberwortes, weiß, dass selbst Authentizität in öffentlichen Reden inszeniert werden soll. Medientrainer Stefan Wachtel bringt folgendes Beispiel: *„So lange es Originale gibt, so lange gibt es Doubles, und fast so lange auch Wettbewerbe der Doubles. Seit Jahrzehnten schon gibt es Elvis-Presley-Contests. Die gab es schon zu seinen Lebzeiten, und eines Tages nahm Elvis in Las Vegas selber teil. Er erreichte einen beachtlichen vierten Platz. Drei Doubles schienen dem Publikum authentischer."* (Wachtel 2009, S. 319). Bei Führungskräften, die öffentlich große Kreise erreichen wollen, bedeutet „Authentizität" nichts anderes als „erfülle die öffentliche Rolle, die deinem Amt entspricht". Diese Rolle ist der Inbegriff von Erwartungen, die die Öffentlichkeit an das Amt stellt. Im Bundestagswahlkampf 2009 war es eine viel diskutierte und unbeantwortete Frage, ob und inwiefern Angela Merkel und Frank-Walter Steinmeier echt waren, und wer von den beiden authentischer auftrat. Wie öffentliche Personen privat sind, wissen höchstens sie selbst und das unmittelbare Umfeld. Auch enge Mitarbeiter können manches wittern. Aber in der Öffentlichkeit gilt die inszenierte Authentizität bzw. der disziplinierte Auftritt. Der römische Dichter Ovid (43 v. Chr. – 17 n. Chr.) hat es in einer Sentenz verdichtet: *„Si latet ars, prodest"* (Wenn die Kunst sich verbirgt, ist sie erfolgreich) (Ovid 1861).

Ihr Transfer in die Praxis

- Rhetorik ist Persönlichkeitsbildung. Deshalb: Üben Sie täglich!
- Denken Sie laut und Sie erfreuen sich neuer Ideen. Üben Sie laut und Sie werden sich Ihrer Wirkung gewahr.
- Legen Sie sich Ideenhefte an, in denen Sie hin und wieder etwas einkleben oder notieren.

Literatur

Arntz, J. 2007. Der Mauerredner und sein Dramaturg. *Berliner Zeitung*, 9., 10. Juni (Berlin: Berliner Verlag).

Avenarius, H. 2000. *Public relations. Die Grundform der gesellschaftlichen Kommunikation*. Darmstadt: Wissenschaftliche Buchgesellschaft.

Bazil, V. 2015. „Gute Reden" – „Schlechte Reden". Anmerkungen zur Wirkungsanalyse von Reden. In *Kommunikationsmanagement*, Hrsg. G. Bentele, M. Piwinger, und G. Schönbor. Köln: Luchterhand. (Art.-Nr. 5.79).

Fichte, J. G. 1962. Plan anzustellender Rede-Übungen. In Gesamtausgabe: Bd. II, 1. Nachgelassene Schriften 1780–1791. Stuttgart-Bad Cannstatt: Friedrich Frommann, S. 129–134.

Goethe, J. W. v. 1989. Faust. In *Goethes Werke*, vol. III, Hrsg. J. W. v. Goethe. München: Beck.

Herder, J. G. v. 1963. Briefe zu Beförderung der Humanität. In *Herders Werke in Fünf Bänden*, vol. V, Hrsg. J. G. v. Herder. Weimar: Volksverlag.

Kleist v, H. 1982. Über die allmähliche Verfertigung der Gedanken. *Sämtliche Werke*, 880–884. München: Winkler.

Ovid. 1861. Liebeskunst. Projekt-Gutenberg. http://gutenberg.spiegel.de/buch/liebeskunst-4724/9. Zugegriffen: 2. Juli 2018.

Schopenhauer, A. 1987. *Die Welt als Wille und Vorstellung*. Stuttgart: Reclam.

Wachtel, S. 2009. Authentizität ist unerwünscht. Corporate Speaking aus Sicht der Beratungspraxis. In *Personalisierung der Organisationskommunikation. Theoretische Zugänge, Empirie und Praxis*, Hrsg. M. Eisenegger und S. Wehmeier, 319–330. Wiesbaden: VS Verlag.

Weizsäcker, R. v. 1994. *Die politische Kraft der Kultur*. Hamburg: Rowohlt.

2
Fünf Tätigkeiten des Redners

> **Was Sie aus diesem Kapitel mitnehmen**
> - Die klassischen Schritte, wie Reden entstehen, sind heute noch gültig.
> - Wie Sie lernen, diese fünf Schritte neu zu vollziehen
> - Wie Sie Ihr Gedächtnis in allen diesen fünf Phasen besser einsetzen können.

Die Tradition der Rhetorik hat uns ein Regelwerk überliefert, das nach wie vor gültig ist und die Schritte beschreibt, mit denen eine Rede entsteht. Diese sind:

1. Erfindung
2. Anordnung
3. Formulierung
4. Gedächtnisübung
5. Auftritt

Diese fünf Schritte bauen logisch aufeinander auf; man muss sie aber nicht zeitlich nacheinander vollziehen. Wir werden noch sehen, wie Erfindung gleichzeitig Formulierungen hervorbringt und das

Gedächtnis die Anordnung des gesammelten Stoffes bestimmt. Wichtig ist hier etwas anderes. „Medien" haben unsere Wahrnehmung geändert, und wenn ich von „Medien" spreche, dann meine ich das „Medium", d. h. die Gesamtheit dessen, was Informationen über den Redner und die Rede „vermittelt" aussendet. Internet oder Fernsehen kommen uns dabei sofort in den Sinn, aber auch „Einladungen", „Fotos" oder auch die „Vorstellung" des Redners seitens des Gastgebers sind „Media" (Plural von Medium), welche viel vom Redner preisgeben und den Eindruck, den er auf die Zuhörer hinterlassen will, prägen. Eine Rede, was die Wirkung betrifft, beginnt folglich nie mit *„Sehr geehrte Damen und Herren"* und endet nie mit *„Herzlichen Dank für Ihre Aufmerksamkeit"!* Bereits davor und danach setzt die Wirkung ein.

Der Rede geht eine Phase voraus, die vergleichbar ist mit der „Einführung", später folgt eine andere, die vergleichbar mit dem „Schluss" ist, und die Rede, mittendrin, nimmt sich wie der „Hauptteil" aus. Die „Einführung" kann man „Vorfeldkommunikation" nennen: *„Unter Vorfeldkommunikation verstehen wir all das, was man vorbereitend tun kann, um die Erfolgswahrscheinlichkeit einer kommunikativen Maßnahme zu erhöhen bzw. um die Wirkungen und Folgen von kommunikativen Maßnahmen besser abschätzen zu können."* (Piwinger und Ebert 2002, S. 1). Die Einladung an die Gäste, die Vorabpressemitteilung, die Informationen über den Redner (Vita, Foto), die Vorstellung des Redners durch den Gastgeber gehören zur Vorfeldkommunikation. Den „Schluss" könnte man „Nachkommunikation" nennen, wozu die Einstellung des Redetextes oder des Videos im Netz gehört, der Umgang mit den Online-Kommentaren zum Auftritt, die Verwertung zentraler Sätze der Rede in weiteren Publikationen usw. Zusammenfassend: Die Rede selbst mag aus Einleitung, Hauptteil und Schluss bestehen. Aus kommunikativer Sicht ist sie selbst der Hauptteil, dem die Einleitung als Vorfeldkommunikation vorausgeht und der Schluss als Nachkommunikation folgt. Aber darüber später mehr.

2.1 Erfindung

„Erfindung", die Übersetzung des lateinischen Fachbegriffes „inventio", ist nichts anderes als Recherche, Ideenfindung, Zusammenstellung von Zahlen, Daten und Fakten.

2.1.1 Entwerfen Sie eine „Blaue Rede"

Wer eine Rede halten und ein Redemanuskript erstellen will, recherchiert, liest, sammelt, dann setzt er sich an den Schreibtisch, zu Hause oder im Büro, und beginnt, den Text in den Rechner einzugeben. Korrekturschleifen schließen sich an. Wörter werden geändert oder ersetzt, Sätze gestrichen oder hinzugefügt, Absätze entschlackt oder angereichert. Dann liest er den Text mehrmals, bis er „sitzt". Das ist ein Weg, den Sie einschlagen können. Erprobt und geläufig. So gehen tatsächlich auch viele vor. Aber es gibt auch andere Ansätze, die nicht minder fruchtbar sind. Denn der erste Ansatz ist aus zwei Gründen nachteilig: Erstens laufen Sie Gefahr, aus einer „Rede" eine „Schreibe" zu machen, die Sie vor Ihrem Publikum ablesen und nur wenn Sie geübt sind, so gut vortragen, als ob Sie die Rede frei hielten. Zweitens dauert es lange, bis Sie sich die Rede eingeprägt haben – falls Sie Zeit dafür erübrigen wollen und können. Dieser erste Ansatz kann sogar glücken, wenn Sie nur gelegentlich Reden halten, aber wenn Sie einem Unternehmen oder ganz allgemein einer Organisation vorstehen und die Rede als Führungsinstrument einsetzen, dann ist dieser Ansatz kurzatmig und dürftig. Denn eine gute Rede ist die gesprochene und unmittelbare, nicht die abgelesene und durch einen Text vermittelte. Darüber hinaus ist das gesprochene Wort verständlicher, zuhörerbezogener als das vermittelte. Die freie Rede, die beste Redeform, erlaubt Ihnen, Gesichter sehen zu können und nicht Buchstaben lesen zu müssen, Regungen aufzumerken und nicht Interpunktionen zu beachten, Stimmungen aufzufangen und nicht Seiten aufzublättern.

Bei „Erfindung" tritt ein weiterer Aspekt hinzu: *„Wenn Sie etwas wissen wollen und es durch Meditation nicht finden können, so rate ich Ihnen, mein lieber, sinnreicher Freund, mit dem nächsten Bekannten, der Ihnen* *aufstößt, darüber zu sprechen."* (Kleist 1982, S. 880), empfiehlt jedem Redner Heinrich von Kleist. Ich füge hinzu: Nicht nur mit einem Bekannten, sondern auch mit sich selbst. Fangen Sie an, vor sich hin zu murmeln und ins Blaue hinein zu reden – auch ohne Vorabrecherche, ohne eine vorbestimmte Struktur, ohne feine Formulierungen. Sich laut zu äußern heißt, sich zu entblößen, erfahren, was man hat und denkt. Es ist eben nicht immer so, dass wir Gedanken haben, die wir äußern möchten, sondern umgekehrt wollen wir uns äußern, um zu wissen, welche Gedanken in uns schlummern. So würden Sie nie erfahren, was Sie wissen – und Sie wissen entschieden mehr, als Sie ahnen –, wenn Sie nicht ins Blaue hineinredeten oder schrieben.

Machen Sie einfach folgende Übung: Nehmen Sie irgendein beliebiges Thema und beginnen Sie, darüber zu sprechen oder zu schreiben. Sie werden erstaunt feststellen, wie viel Sie schon über dieses Thema wissen, wovon Sie nicht wussten, dass Sie es wissen. Nichts anderes tat Sokrates mit seiner mäeutischen Methode: Durch Fragen hat er das Wissen derer, die er befragte, gehoben, aus dem Nichtbewussten ins Bewusste geschoben. Verfahren Sie ähnlich bei Redevorbereitungen: Reden Sie aus hohlem Bauch und darauf los. Auch mit anderen Menschen. Zuerst also setzen Sie keinen Redetext auf, sondern reden Sie einfach – unter der Dusche, beim Rasieren oder Schminken, beim Spaziergang oder im Auto. Auch unsere Muskeln denken mit. Dazu Nietzsche:

> D e n k e n lernen: man hat auf unsren Schulen keinen Begriff mehr davon. Selbst auf den Universitäten, sogar unter den eigentlichen Gelehrten der Philosophie beginnt Logik als Theorie, als Praktik, als H a n d w e r k, auszusterben … nicht mehr die entfernteste Erinnerung daran, dass es zum Denken einer Technik, eines Lehrplans, eines Willens zur Meisterschaft bedarf, – dass Denken gelernt sein will, wie Tanzen gelernt sein will, a l s eine Art Tanzen… Wer kennt unter Deutschen jenen feinen Schauder aus Erfahrung noch, den die l e i c h t e n F ü s s e im Geistigen in alle Muskeln überströmen! … Man kann nämlich das T a n z e n in jeder Form nicht von der v o r n e h m e n E r z i e h u n g abrechnen, Tanzen-können mit den Füssen, mit den Begriffen, mit den Worten; habe ich noch zu sagen, dass man es auch mit der F e d e r können muss … (Nietzsche 1980a, S. 110).

Keine Angst, wenn Ihre Gedanken am Anfang verworren sind, die Sprache holprig ist und die eine oder andere Aussage löchrig oder gar falsch. Entscheidend ist es, dass Sie das aus sich herausholen, was in Ihnen, in einer dunklen Nische ihrer Seele an Erinnerungen, Gedanken, Assoziationen, Stimmungen und Gefühlen schlummert. Wenn Sie diese Übung drei-, viermal wiederholt haben, werden sich bestimmte Gedanken, Sätze und Bilder als immer wiederkehrend herausstellen, gleichsam Fixsterne, um die sich andere Inhalte, Metaphern, Wörter scharen. Dann schreiben Sie sie auf und halten Sie sie fest.

Anschließend beginnen Sie mit Ihrer Recherche, holen Sie Informationen über den Zuhörerkreis ein, lesen Sie Artikel, Berichte oder lassen Sie sich von anderen zuarbeiten. Zapfen Sie externe Quellen an, exzerpieren Sie, basteln Sie herum. Und jetzt gehen Sie wieder unter die Dusche, schminken Sie sich, gehen Sie spazieren, fahren Sie Auto und weben Sie wieder vor sich hin murmelnd das, was Sie gelesen und aufgeschrieben haben, in Ihre ursprüngliche „Blaue Rede" ein. Macht nichts, wenn Ihre Ideen immer noch holprig sind, die Sätze abgehackt, durcheinander, der Beginn und das Ende Ihrer Rede unklar. Hauptsache: Die Inhalte verwachsen miteinander, das Alte vor der Recherche und das Neue danach. Das Gehirn baut immer Brücken zwischen unseren voneinander abliegenden Gedanken, wie Goethe es am 29. Januar 1830 in einem Brief an Carl Friedrich Zelter treffend formuliert hat: *„Bezüge ist das Leben."*

Wenn Sie diese Schleife mehrmals durchlaufen haben, gewahren Sie mehrere Vorteile dieses Ansatzes:

- Erstens ist Ihre Rede eine Rede und keine Schreibe – mit langen, gequälten und verschachtelten Sätzen.
- Zweitens lernen Sie einige Gedanken und Formulierungen mühelos auswendig, weil Sie sie wiederholen.
- Drittens ergeben sich im Laufe dieser blauen Reden die Umrisse einer Redestruktur, die, weil mündlich entstanden, auch einfach ist.
- Viertens können Sie an dem berühmten Abend – oder Morgen – Ihres Auftrittes die Rede einigermaßen frei halten – trotz Manuskript oder Stichwortzettel.

Durch das Murmeln hören Sie Ihre eigene Stimme und wenn Sie sich an Ihre Inhalte erinnern möchten, reicht es aus, wenn Sie sich Ihre Stimme in Erinnerung rufen – die Inhalte tauchen plötzlich wieder auf. Stumme Redevorbereitung beraubt Ihnen der Mitwirkung Ihres Leibes. Aber das ist wichtig, denn auch der Leib hat ein treues Gedächtnis und denkt mit. Der Leib ist nicht bloß bei der Körpersprache entscheidend, sondern schon bei der Ideenfindung.

Frei zu reden zu können, ist der Gipfel der Redekunst. Die Blauen Reden schaffen die beste Bedingung dafür. Gerne können Sie sich auch eines Diktiergerätes bedienen und Ihre blaue Rede, wenn Sie laut sprechen, immer wieder aufzeichnen. Übrigens: Dieselbe Methode rate ich Ihnen auch an, wenn Sie Reden für andere vorbereiten. Sie werden zwar die Rede nicht selbst halten, aber ein sehr brauchbares und nützliches Redemanuskript liefern, das zwar „geschrieben", aber keine „Schreibe" ist und die Ohren der Zuhörer im Auge hat. Hier nochmals Friedrich Nietzsche: *„Man muss erst genau wissen: So, so und so würde ich dies sprechen und v o r t r a g e n – bevor man schreiben darf. Schreiben muss eine Nachahmung sein."* (Nietzsche 1980b, S. 38). Auch für Redenschreiber gilt: Die Dusche hat Vorrang gegenüber dem Klapprechner, der Klositz gegenüber dem Stuhl, der Garten und die Straße gegenüber dem Büro.

Lesen Sie die beiden Stücke von Kleist und Fichte. Sie zeigen, wie Sprechen und Reden, Reden und Schreiben einander fördern, Ideen hervorbringen, Formulierungen schleifen und das Gedächtnis stützen.

2.1.2 Bahnen Sie sich den Weg von fremden zu eigenen Ideen

Alle Kreativitätstechniken – und von ihnen gibt es viele – beruhen letztlich auf einem einzigen Prinzip: Verbinde das Unverbundene. Verbinde Dinge, die auf den ersten Blick, vielleicht auch noch auf den zweiten, nichts miteinander zu tun haben, weit voneinander abliegen. Unser Gehirn ist so beschaffen, wie wir es von Goethe gehört haben, dass es immer diese Dinge verbindet, vielleicht nicht sofort, vielleicht nicht sofort sinnvoll. Aber es verbindet und bei dieser Verbindung treten neue Ideen zutage.

Gerne können Sie sich Zeit nehmen und einige Kreativitätstechniken ausprobieren – nicht nur das Brainstorming, das wir in der Regel auch nicht regelmäßig einsetzen. Aber es gibt auch welche, die der Rede näher stehen und zu ähnlichen Ergebnissen führen.

Erstens nehmen Sie ein Zitat, irgendeines, das Ihnen gefällt, und fügen Sie es in Ihren Text ein, unabhängig davon, ob es zum Kontext passt oder nicht. Ein Fremdkörper wie ein Zitat, bringt Sie dazu, eine inhaltliche Brücke zwischen Kontext und Zitat zu schlagen – und es gibt mehr als eine Brücke! Nehmen wir zum Beispiel das Zitat der englischen Schriftstellerin Ruth Rendell: *„Sei ganz Du – aber bitte möglichst weit weg."* und fügen wir es in folgende Rede von Harald Krüger, Vorsitzender des Vorstands der BMW AG, ein:

Meine Damen und Herren,
 ich weiß, was 2017 hinter uns liegt. Wir schauen immer nach vorn.
 Für mich sind zwei Dinge sicher: Premium hat Zukunft. Und die BMW Group hat eine Zukunft. Warum ist das so? Weil wir halten, was wir versprechen. Wir liefern. Das gilt: Für unsere Modelloffensive. Für E-Mobilität und autonomes Fahren. Für unsere Profitabilität. Heute wollen wir Sie begeistern. Damit zum ersten Punkt: Die größte Modelloffensive unserer Geschichte läuft mit voller Kraft. 2017 und 2018 bringen wir 40 neue und überarbeitete Modelle auf den Markt sowie viele Neuheiten bei Motorrad (BMW Group 2017).

Gleich zu Beginn könnte das Zitat uns zu folgenden Satzkombinationen inspirieren: *„Wir schauen nicht weg, aber nach vorn."* oder *„Weil wir halten, was wir versprechen. Weil wir uns treu bleiben und doch Neues schaffen."* Dieses Spiel könnten wir fortsetzen und immer wieder auf andere Ideen kommen, die wir annehmen oder verwerfen, aber im weiteren Verlauf verwenden. Im vorerwähnten Fall haben wir den Satz nicht eins zu eins übernommen, sondern dessen zweiter Teil „Sei ganz Du" und „weit weg" in den bestehenden Text sinngemäß und wörtlich eingeflochten. Der Fantasie sind keine Grenzen gesetzt.

Hilfreich wäre es auch, wenn Sie in Ihrer Blauen Rede dieses Zitat aufgriffen und es beim murmelnden Reden aussprächen. Einige Zeit wird Ihnen dieses Zitat als Fremdkörper im Text vorkommen, ohne jeglichen Bezug zum Thema. Aber das macht nichts. Im Gegenteil, je fremder es wirkt, desto besser ist es. Dann arbeiten Sie weiter unter der Dusche, beim Spaziergang oder am Schreibtisch. Früher oder später wird das Zitat in Ihren Text einwachsen, d. h., Sie werden es mit Ihrem Text inhaltlich verbinden und dabei zwei, drei neue Ideen gebären können, welche die Bewandtnis des Zitats mit der Rede erhellen.

Zweitens verfahren Sie ähnlich unbedarft mit einer Nachricht, die Sie morgens im Internet, in der Zeitung oder im Morgenmagazin hören bzw. lesen. Zum Beispiel eine Überschrift, zufällig aufgespießt in der „Neuen Zürcher Zeitung": *„So viele Bücher, so wenig Zeit! Umso drängender die Frage: Was soll ich lesen?"* (2018, S. 20). Statt eines Zitats fügen Sie nun diese Nachricht, wiedergegeben in Ihren Worten, in die Rede ein – je fremdartiger die Nachricht, desto besser für die Rede. Bezogen auf die vorige Rede, ergäbe sich zum Beispiel folgender Satz gleich nach dem letzten der Rede: *„Ideen haben wir viele. In diesem Jahr konzentrieren wir uns auf ..."* Auch hier sind andere Varianten möglich. Zu neuen Ideen kann man auf einfachsten Wegen kommen. Mit dem Zitat oder mit der Nachricht nutzen Sie obendrein den Vorteil, dass diese nicht bloße Mittel zur Erzeugung von Ideen sind, sondern Teile der Rede selbst sein können. Zum Beispiel: *„... viele Neuheiten bei Motorrad".* Wir haben auch viele andere Ideen, aber es ist wie beim Buchlesen: *„So viele Bücher, so wenig Zeit! Umso drängender die Frage: Was soll ich lesen?"* Zitate sind mehr als nur Redeschmuck; sie sind auch Kreativitätsgriffe.

Drittens können Sie eine beliebige Redefigur nehmen, zum Beispiel „interrogatio", dieses Mal gerichtet an sich selbst. Statt *„Warum ist das so?",* könnte zum Beispiel der Redner sagen: *„Bin ich davon überzeugt? Ich sage ganz klar: Ja. Aber nicht nur ich. Wir sind davon überzeugt"* u. Ä.

So helfen uns Zitate, Nachrichten oder Redefiguren, das Gehirn in Bewegung zu halten und Ideen zu erzeugen, auf die wir ohne diese nicht gekommen wären. Manches wird man ganz verwerfen, andere aber, wenn nicht sofort, doch später verwenden, wenn nicht in dieser, so in anderen Reden. Wichtig ist dabei, die eigene Arbeit zu protokollieren, d. h. gute Ideen in einem Heft oder in einer Datei festzuhalten.

2.1.3 Erstellen Sie Ihr Selbstkonzept

Sie hetzen und hasten vom Redeanlass zum Redeanlass, geraten außer Atem und grämen sich über Zeitnot. Eine neue Idee wäre schön, ein ungewohnter Dreh sinnvoll, aber kein Zeitfenster, um Luft zu schnappen und Ideen zu entwickeln. Diesen Teufelskreis können Sie durchbrechen, wenn Sie sich nicht in den Strudel des Alltags hineinziehen lassen und nicht nur anlassabhängig Reden vorbereiten, sondern anlassunabhängig. Haben Sie Zeit in diese Vorarbeit investiert, werden Sie später viel Zeit sparen, weil manches wiederkehrt und einiges rascher erledigt werden kann.

Wer redet, offenbart sich dem Publikum, auch wenn er nicht über sich selbst spricht. Die Zuhörer werden nach Ihrer Rede vielleicht einiges zu deren Inhalt sagen können, auf jeden Fall aber vieles über Sie als Person. „Sympathisch", „antipathisch", „kompetent", „schüchtern", „vorlaut", „gewandt", „selbstdarstellerisch" usw. sind einige gängige Zuschreibungen. Diese müssen nicht stimmen, aber das Publikum bildet sich seine Meinung, die sich aus vielen Quellen nährt, wie Thema, Sprache, Ort, Stimme, Mimik, Gerüchte, Körpersprache usw. und auf einen Grundzug der Kommunikation fußt: Alles, was wir tun und nicht tun, sagen und nicht sagen, ist ein Zeichen, und als Zeichen weist es über sich hinaus auf etwas anderes, auf Sinn und Bedeutung. Kommunikation ist nichts anderes als Deutung von Zeichen. Erscheinen Sie mit ungepflegten Haaren, so könnte das Publikum daraus schließen: „er ist schlampig" oder „er ist Künstler" oder „ihm sind Äußerlichkeiten nicht wichtig" oder „so was Unhöfliches!". Erwähnen Sie in Ihrer Rede den Namen „Goethe", könnten die Zuhörer geneigt sein zu schlussfolgern: „er ist belesen", „er ist ein Angeber", „er ist konservativ" usw. Also es entsteht ein Bündel von Eindrücken, die nicht unbedingt stimmen müssen, und genau darin liegt das Risiko jeder Kommunikation, das wir gemeinhin „Missverständnis" nennen. Gedrängt in einem Satz heißt die Grundregel: Der Mensch sagt immer mehr als das, was er meint. Deshalb deuten wir unausgesetzt Taten, Äußerungen oder Schweigen, auch widersprüchlich, auch inkonsequent, weshalb wir keine restlose Kontrolle über die Deutungen der Mitwelt haben. Der Mensch hat sich nie vollständig im Griff. Er entgleitet sich selbst.

Gute Kommunikation versucht, die Vielfalt dieser Deutungen zu verkleinern, um größere Missverständnisse und Risiken abzuwenden. Das „Selbstkonzept" bietet hier Halt und Orientierung und gut umgesetzt bestimmt es den Verlauf des roten Fadens in öffentlichen Auftritten. „Identity", „Brand", „Corporate Philosophy", „Vision", „Mission" und alle ähnlich klingenden Begriffe, die fallen, sind nichts anderes als verschiedene Fassungen von „Selbstkonzepten" – in Marketing, Werbung, PR, Persönlichkeits-PR –, die heruntergebrochen werden müssen in Maßnahmen und Instrumente. Und Rede ist ein solches Instrument.

„Selbstkonzept" ist ein Begriff, den der Soziologe Erving Goffman (1922–1982) benutzt und jenes Selbstbild meint, das jeder Mensch von sich hat und demgemäß er von seiner Mitwelt auch wahrgenommen werden will. „Impression Management" ist die Methode, Eindrücke von sich in der Mitwelt zu streuen und sie mit verschiedenen Techniken zu steuern (vgl. Piwinger und Bazil 2010). Es beantwortet zwei Fragen: Wer bin ich (als Einzelperson oder Unternehmen) und wie will ich (als Einzelperson oder Unternehmen) von der Mitwelt (Anspruchsgruppen, Zielgruppen) wahrgenommen werden? Dieses Selbstkonzept, bezogen auf Rednerinnen und Redner, könnte beispielsweise folgende Fragen beantworten:

- Welche Adjektive soll mir die Mitwelt zuschreiben („kreativ", „kompetent", „schräg" usw.)?
- Wer bin ich (Rollen, Funktionen)?
- Was mag ich (Hobbys, Geschichten, Musik, Bücher usw.)?
- Warum tue ich das, was ich tue?
- Was will ich erreichen?
- In welchem einzigen Satz kann ich mich verdichten?

Diese Frageliste ließe sich verlängern und verändern. Die Antworten, die bei so einer Übung gebündelt aufgelistet werden, sind zugleich wertvolles Material für Reden, und Sie sollten sie immer wieder in Ihre Reden einbauen. Natürlich gilt dasselbe für andere, wenn Sie der Redenschreiber sind. Versuchen Sie, dem Auftraggeber die Antworten zu entlocken, und wenn Sie ihm zuvor erklären, wozu diese Fragen dienen, werden die meisten bereit sein, sie ganz oder zumindest teilweise zu beantworten. Immerhin.

2.1.4 Schreiben Sie Ihre Urrede

Die Urrede ist eine Rede, die nie gehalten wird, aber jeder gehaltenen Rede zugrunde liegt (Bazil 2005). Sie verdichtet das Selbstkonzept des Redners – unabhängig von Redeanlass und Redethema – und zeichnet aus den losen Informationen des Selbstkonzepts das Gesicht des Redners. Manche verfassen diese Rede so, als ob sie ihre Grabrede wäre, der ausgepresste Saft ihres Lebens, dessen Quintessenz, dessen Kern.

Ein gutes Beispiel für die Urrede liefert Guido Westerwelle (1961–2016). Als Vorsitzender der Freien Demokratischen Partei hat er sich selbst wie folgt beschrieben:

> Ich bin politisch aktiv, „weil ich etwas bewegen möchte und überzeugt bin, dass das möglich ist". Die größte politische und gesellschaftliche Errungenschaft ist die Freiheit, „weil sie für alle bessere Möglichkeiten und Ergebnisse bereithält als jede noch so gut gemeinte Fremdbestimmung. Die Kraft der Freiheit schafft Wohlstand für alle. Und nur so gibt es soziale Sicherheit". Liberal denken und handeln heißt: „Leistungsbereitschaft, Weltoffenheit und Toleranz". Ich kann mich begeistern für „meine Freunde, zeitgenössische Kunst, gute Opern, kluge Bücher, verschiedene Sportarten und vieles mehr". Ein perfekter Tag sieht bei mir so aus: „Ausschlafen, Laufen im Wald, lange frühstücken, anschließend auf dem Markt einkaufen und den Nachmittag über gemeinsam kochen für ein tolles Abendessen mit zehn Freunden an unserem Tisch." (FDP-Bundestagsfraktion 2005).

Dieser Text will zeigen, wer Guido Westerwelle ist: Er bedient sich sowohl des unmittelbaren Weges („ich will etwas bewegen"), als auch des unmittelbaren, indem er durch Ideen und Sätze die Voraussetzung schafft, dass die Leser selber aus ihnen Folgerungen ziehen (vgl. Tab. 2.1):

Tab. 2.1 Sprachliches Impression Management

Aussage	Eindruck
„… etwas bewegen …"	Er ist dynamisch
„Freiheit"	Er legt Wert auf Individualität
„Leistungsbereitschaft"	
„Wohlstand für alle"	Er hat eine soziale Ader
„soziale Sicherheit"	
„auf dem Markt einkaufen"	
„gemeinsam kochen"	
„Kunst … Opern … Bücher…"	Er ist kulturinteressiert
„Laufen im Wald"	Er ist naturverbunden

Gelänge es zusätzlich, eine Person in einem einzigen Gedanken zu verdichten, dann ist das Selbstkonzept vollkommen. Muhammad Ali, der dreifache Schwergewicht-Boxweltmeister, antwortete auf die Frage, wie denn Menschen ihn in Erinnerung behalten sollten: *„Ich möchte, dass man sich an mich erinnert als Mann, der dreimal den Schwergewichts-Weltmeistertitel gewonnen hat, der humorvoll war und der alle anständig behandelte. Als ein Mann, der nie auf die herabschaute, die zu ihm aufschauten und der so vielen Menschen half, wie er konnte. Als ein Mann, der für die Dinge einstand, an die er glaubte. Als ein Mann, der die Menschheit durch Glauben und Liebe zu vereinen versuchte."* (Blick 2016).

Wer die Menschen liebt, hilft und Gott dient, wird die Bedeutung des Glaubens und des Anstandes im Leben unterstreichen oder für religiöse und ethische Erziehung in Schulen eintreten usw. Diesen Faden kann man beliebig, je nach Anlass, Publikum und Thema, fortspinnen.

Nachdem das Selbstkonzept steht, muss es heruntergebrochen werden auf einzelne Maßnahmen – bei Reden auf Informationen, Sätze. Die Leitfrage hier lautet: Was soll das Publikum von mir erfahren, was soll es von mir hören, damit es sich den Eindruck bildet, ich sei „kreativ", „kompetent", „schräg" usw. Dabei spielen natürlich auch paralinguistische Zeichen wie Mimik, Körpersprache, Inszenierung des Auftritts eine ebenbürtige Rolle wie die Rede. Noch mehr: Eindrücke, die durch die letzteren bei der Mitwelt hinterlassen werden, sind überzeugender als solche, die man in Reden selber sagt und verkündet. Es ist viel überzeugender, wenn die Menschen Schlüsse ziehen und zum Ergebnis kommen, dass ich „erfolgreich" bin, als wenn ich ihnen in schriftlichen Dokumenten und Reden ausdrücklich unter die Nase reibe: „Ich bin erfolgreich". Selbstbeweihräucherung und Selbstlob müssen nicht stinken, aber betören sie auch nicht. Aus persuasiver Sicht ist es ratsam, mittelbar das eigene Selbstbild zum Fremdbild zu machen. Niemand kann Menschen besser überzeugen als sie selber.

Es ist eine makabre Übung, die eigene Grabrede oder Traueranzeige zu verfassen, aber nicht ganz sinnwidrig. Denn die Empfänger sind nicht nur die Mitwelt, sondern auch die Nachwelt – und das Urteil, das wir über uns fällen, ist endgültig. Diese Zielübung hält uns an, unseren Kern, soweit er uns selber bewusst, wünschenswert und lieb ist, herauszuschälen und in einem kurzen Text niederzuschreiben.

2.1.5 Legen Sie Ihr Archiv an

Nachdem Sie die Urrede geschrieben haben, stellen Sie weitere Informationen über Ihre Person zusammen:

- Lieblingsfarbe, -baum, -ort, -beschäftigung, -speise, -getränk...
- Lieblingsmusik, -buch, -autor, -schriftsteller, -schauspieler, -maler ...
- Lieblingssendung im TV
- Lieblingszitate
- Lebensmotto
- Worüber Sie sich freuen
- Worüber Sie sich ärgern
- Welchen Traum Sie haben
- Welchen Genüssen Sie nicht widerstehen können
- Welches Tier Sie lieben
- Welche Hobbys Sie haben
- Was Sie in Ihrem Beruf an wertvollen Erfahrungen gelernt haben
- Was Sie an anderen Menschen am meisten schätzen
- Welche Vorbilder Sie haben
- usw.

Diese Informationen können Sie direkt in den Redetext einweben. Natürlich nicht alle und nicht immer. Der Vorteil liegt auf der Hand: Ihre Rede wirkt persönlicher und daher überzeugender.

2.1.6 Recherchieren Sie

Bei anlassabhängigen Reden ist natürlich die klassische Recherche erforderlich, die Ihrer Rede die angemessene Fülle und Rundung gibt. Wo und wie man recherchiert dürfte bekannt sein; Offline- und Online-Recherchen sind gleichwertig, und wenn Sie in Organisationen arbeiten, in denen fachkundige Mitarbeiterinnen und Mitarbeiter Ihnen zuarbeiten, umso besser. Sie sparen viel Zeit. Ich schlage Ihnen sogar etwas anderes vor. Wenn Sie neu in einer Organisation sind, lassen Sie sich von den Fachleuten, je nach Gebiet und anlassunabhängig, erklären, worauf es auf dem besagten Gebiet ankommt, was die inhaltlichen Schwerpunkte sind, wie hat sich die Organisation bislang dazu verhalten, wer sind die Schlüsselfiguren auf dem Gebiet, was erwartet die Organisation usw. Eine Art „Inhouse"-Seminar könnte Ihnen mehr bringen als dicke Bücher und umfangreiche Dateien. Vor allem sparen Sie viel Zeit.

Ein anderes Verfahren bei Recherchen zeigt folgendes Beispiel in der internen Kommunikation von Vorwerk. Der Anlass war eine Jubiläumsrede. Die Methode eine Befragung der Kollegen aus der gleichen hierarchischen Ebene. Die Befragten konnten sich „frei von der Leber" weg äußern. Die Antworten flossen in den Redetext ein und besaßen bei dem späteren Publikum einen hohen Wiedererkennungswert. Das Unternehmen hat die typischen Eigenschaften und Verhaltensweisen des Betreffenden erfragt, seine Arbeitsweise, nach den Verdiensten und der Einstellung zum Unternehmen und schließlich ihn zuzuordnende, charakterisierende Redensarten (vgl. Piwinger 2008, S. 135 ff.):

Eigenschaften

- Er ist keiner, der zu viel redet.
- Hilfsbereit, wenn man ihn braucht.

- Gerade und unverbogen.
- Mehr der Typ Einzelgänger.
- In vielem bei ihm ist auch eine Spur Egoismus.
- Bis zur Respektlosigkeit kritisch.
- Unheimliches Erinnerungsvermögen.
- Hat ein gutes Gefühl für Zahlen – ob sie stimmen oder nicht.

Verhalten

- H. kommt nicht – zu H. geht man.
- Reist ungern. Wenn es in früheren Jahren darum ging, in andere Tochtergesellschaften zu gehen, war H. immer derjenige, der nicht mitfuhr.
- Sein Büro ist sein Nest – da sitzt er. Irgendwie igelt er sich da ein bisschen ein.
- Fühlt sich bei jeder Art Veranstaltung, bei jeder Geselligkeit unwohl.
- In der Mittagszeit setzt er sich schon manchmal an den PC und spielt Solitär.

Arbeitsweise

- Hält nichts von großen Strategiepapieren, Führungstechniken, Stil- und Kulturfragen.
- Er ist er. Und er definiert die Welt von sich aus.
- Ein Sofort-Erlediger.
- Viel Einzelwissen, hasst Systematik.
- Keine Aktenvermerke – keine Zahlen. Wenn der mal ein Seite schreibt, dann ist das viel: One-Page-Man.
- In Besprechungen kommt er ohne Papier und Stift, weil er alles im Kopf hat.
- Er wirft seine Sachen so rein, und die anderen müssen dann sehen, wie sie damit fertig werden.
- Alles, was nicht in seine Welt passt, ist sinnlos und überflüssig.

Verdienste/Einstellung zur Firma

- Gehört zu denjenigen, die das Unternehmen am besten kennen.
- Ist immer jemand, der alles weiß.
- Steht auch für Kontinuität, Stabilität und Sicherheit, ist im Hause eine „Institution".
- Wird ein Verlust sein, wenn man auf seine Kenntnisse und Erfahrungen nicht mehr zurückgreifen kann.
- Die neuen Führungsprinzipien hat er nicht so verinnerlicht.

Redensarten
Seine häufigsten Redensarten:

- „Ich spreche mal ins Unreine."
- „Nee, so iss et nicht."
- „So'n Scheiß."

2.2 Anordnung

„Anordnung" oder „dispositio", wie die Klassiker es nannten, ist die Strukturierung des Stoffes, den man in der Erfindung zusammengetragen und ausgebrütet hat.

2.2.1 Zukunft überzeugt

Ordnen Sie den Stoff, den Sie zusammengetragen haben, zunächst sachlogisch. Auch wenn die sogenannte „Beziehungsebene" maßgeblich bei Überzeugungen ist, entbindet sie uns nicht vom sachlogischen Denken. Wir dürfen von einem Extrem – nur logisch – nicht in das andere fallen – nur emotional. Gleichwohl haben viele Reden den Charakter eines Berichtes – dies und jenes haben wir getan und das haben wir noch vor. Sogar sachliche Reden dürfen keine Berichte sein. Wenn man Menschen durch Reden führen will, dann muss man von der Zukunft her argumentieren, von einem perspektivischen Entwurf, der in den

Menschen Hoffnungen zu wecken vermag. Der Schlüsselbegriff dazu heißt „Erwartungsmanagement".

Die Vorstellung der Zukunft entspringt der Einbildungskraft, und Reden regen diese an, um wünschenswerte Bilder zu entwerfen, Sehnsüchte, Träume, die als starke Triebfeder den Menschen zum Handeln bewegen. Die öffentlich oft vorgetragene Forderung, Politiker mögen Visionen haben, ist der Wunsch nach einer biegsamen Einbildungskraft, die solche Bilder entwirft.

In diesem Sinne sagt auch Kant: *„Man kann Menschen am besten durch ihre Einbildungskraft regieren."* (Kant 1913, Notiz Nr. 313) und fährt mit zwei Beispielen fort: *„Die Frau regiert den Mann dadurch, dass sie ihm die Einbildung der Herrschaft lässt; der Fürst das Volk durch die Einbildung der Freiheit."* Deshalb ist eine bildhafte und anschauliche Sprache notwendig, ist sie doch die Sprache der Einbildungskraft.

2.2.2 Setzen Sie Werterahmen oder *Frames* ein

Rhetorisch argumentieren besteht nicht darin, „die Folgen aus bestimmten Prämissen abzuleiten, sondern die *Übereinstimmung eines Publikums mit den Thesen, die man seiner Zustimmung unterbreitet, hervorzurufen oder zu verstärken* ..." (Perelman 1980, S. 18). Entscheidend dabei sind immer die sogenannten „Werte" einer Gesellschaft, die zu einem bestimmten geschichtlichen Zeitpunkt gültig sind und auch Geltung beanspruchen. Diese Art von Argumentation heißt „Umrahmung" *(framing)*. Der Redner umrahmt seine Thesen mit einem gesellschaftlich hoffähigen „Wert". Die *„Homo-Ehe"* als *„Verantwortungsgemeinschaft"* zu bezeichnen, heißt, diese Vorstellung mit gesellschaftlich etablierten „Werten" wie *„Verantwortung"* und *„Gemeinschaft"* zu umrahmen und sie so annehmbar zu machen. *„Bürgerversicherung"* oder *„Lohnzurückhaltung"* sind andere Beispiele (*„Versicherung"* ist ein positiver Wert, wenn auch „Bürgerversicherung" negativ ist; *„Zurückhaltung"* ist positiv, wenn auch „Lohnzurückhaltung" bei Arbeitnehmern einen krächzenden Beiklang hat). Ähnliches gilt für andere Begriffe: *„Zukunft"* ist besser als *„Vergangenheit"* (*„Wurzel"* klingt dagegen viel einnehmender und eignet sich vorzüglich dazu, „Vergangenheit" zu ersetzen), „Neues" ist besser als „Altes", „Dynamik" (Kraft) besser als „Statik". Schlagwörter wie „Neue Kraft", „Zukunft gestalten" oder „Neue Mitte" sind inzwischen vertraute Wendungen, die unabhängig von ihrer inhaltlichen Schärfe und Dichte das Ohr schmeicheln und den Zuhörern das Gefühl geben, der Redner teile dieselben Werte wie sie. So umrahmen und rechtfertigen wir auch „Kriege" (negativ besetzt) mit „Frieden" oder „Sicherheit" (beide positive Werte): Wegen unserer Sicherheit führen wir Kriege; um die Bevölkerung des Landes aus dem Joch der Tyrannei zu befreien, greifen wir das Land an. Niemand führt Kriege um der Macht oder des Geschäftes willen! Deshalb heißen ja die entsprechenden Ministerien auch „Verteidigungsministerium" und nicht etwa „Kriegsministerium" – auch dann nicht, wenn Staaten Kriege führen. Auf diese Weise können Sie nahezu beliebig argumentieren und auch störende Nachrichten in Watte eingewickelt aussenden.

Also versuchen Sie, Ihre Botschaften mit gesellschaftlich gültigen Werten zu umrahmen, denn so steigt die Wahrscheinlichkeit, dass die Zuhörer sich Ihren Meinungen anschließen.

2.2.3 Schaffen Sie Ordnung im Text und Kopf

Wenn Sie einen längeren Vortrag halten, ist es ratsam, dessen Struktur vorweg dem Publikum mitzuteilen: *„Ich werde erstens über …, zweitens über…, drittens über … sprechen."* Dann aber sprechen Sie zu diesen Punkten und sagen Sie dem Publikum: „Jetzt komme ich zum zweiten Punkt". Diese Wegmarken sind eine große Hilfe und sichere Orientierung. Mehr als fünf sind verwirrend, und vor dem zweiten Punkt soll der erste und danach der dritte kommen. Sprünge verwirren ebenfalls. Natürlich gibt es auch andere Formen, die sympathischer sind als Zahlen. Übrigens, in der Antike wollten die Menschen keine Zahlen als Orientierung, sondern Gärten, Häuser usw. Also können Sie auch auf diese Methode zurückgreifen. Überlegen Sie sich, welche einfache – ich wiederhole: einfache – und eingängige Struktur Sie dem Publikum an die Hand geben können, damit es Ihrer Rede folgen und sie auch später im Gedächtnis behalten kann. Sie können sich beispielsweise auf den Ort beziehen, wo Sie die Rede halten: *"Meine Damen und Herren, damit ich es Ihnen leichter mache, mir zu folgen, nehme ich als Bild diese Villa, wo wir uns jetzt befinden, und gliedere meine Rede in drei Phasen: Eingang, Garten, Spiegelsaal."* So oder ähnlich könnte eine einfache Struktur ausschauen. Hier kann Ihre Einbildungskraft ungehemmt regsam werden, und das Publikum wird Ihnen dankbar sein und jedes Mal, wenn es aus anderen Anlässen wieder in diese Villa kommt, an Sie und Ihre Rede denken. Am Ende fassen Sie die Rede zusammen. Es muss nicht immer so klingen: *"Und nun fasse ich das Ganze zusammen"*. Es gibt auch andere Varianten: *"Ich komme zum Schluss"* oder *"Und was sagt uns das Ganze?"* oder *"Bringen wir es auf den Punkt ..."* usw. Und wenn Sie ankündigen, dass Sie zum Schluss kommen, bitte nicht wieder von vorne beginnen. Dann kommen Sie wirklich zum Schluss. Und bekanntlich ist der Schluss kürzer als die restliche Rede! Wie Sie auch den Kern Ihrer Rede verdichten mögen, sollte das Publikum es als Quintessenz Ihres Auftritts verstehen.

2.2.4 Fangen Sie nie mit Adam und Eva an

Ein bewährter Griff in der Rhetorik lautet: Fangen Sie nie bei Adam und Eva an, denn bis Sie von der Sintflut und dem Auszug aus Ägypten über die Geburt Christi und die Schließung der Akademie in Athen bis zur Krönung von Otto des Großen und zu unseren Tagen die Seiten des Geschichtsbuches hurtig, hurtig aufschlagen, hat sich Ihr Publikum schon in einem tiefen Schlaf wohlig gemacht. Daraus folgern einige, man müsse Adam und Eva ganz weg lassen, sie auch noch aus der Rede vertreiben. Mitnichten. Entscheidend sind das richtige Maß und der Mut zur Lücke. Bei der Maxime: *"Fange nicht bei Adam und Eva an"* geht es weniger darum, die Vergangenheit vergangen sein zu lassen, als vielmehr darum, die Vergangenheit in einem neuen Licht erscheinen zu lassen, d. h. der bekannten Vergangenheit eine überraschende Wende zu geben. Dies erreichen Sie, wenn Sie die herkömmliche zeitliche Reihenfolge gestern – heute – morgen sinnvoll durcheinanderbringen und die Bezüge neu und anders knüpfen. Erster Weltkrieg, Weimarer Republik, Zweiter Weltkrieg, Bundesrepublik Deutschland – das ist eine historisch richtige und landläufige Reihenfolge, die jedem einleuchtet. Nun versuchen Sie, diese Abfolge so zu ändern, dass Sie zunächst von der Weimarer Republik sprechen, dann von der Bundesrepublik Deutschland und zum Schluss vom Ersten Weltkrieg, um von da an den Bogen zur Gegenwart zu spannen. In diesem ungewohnten Hin und Her erscheint das Alte und das Alt-Bekannte aus neuer Sicht und weckt die Aufmerksamkeit der Zuhörer. Gewohnheiten zu durchbrechen – zeitliche und räumliche – ist ein wirksames Mittel, das Publikum wach zu halten.

Man muss nicht immer etwas Neues und Unbekanntes entdecken, wohl aber das Alte und Bekannte in neuem Licht zeigen.

2.2.5 Achten Sie auf Eindrücke

Hier zwei wichtige Fragen, mit denen Redner sich zu befassen haben: a) Ist es wirkungsvoller, das beste Argument am Anfang, am Ende oder gar in der Mitte einer Rede anzuführen? b) Ist es besser, auf die Argumente der Gegenseite vorbeugend einzugehen oder sie gänzlich zu ignorieren?

Wir berühren hier die Frage der Reihenfolgen, mit denen wir uns später im Kapitel „Achten Sie auf Reihenfolgen" auseinandersetzen werden. Vorgreifend können wir dennoch die beiden bekanntesten Effekte einführen und unterscheiden: den Primäreffekt („primacy effect") oder den Rezenzeffekt („recency effect"). Beide prägen die Gesamtwirkung einer Rede. Der erstere besagt, dass Menschen sich grundsätzlich stärker an früher als an später eingegangenen Informationen orientieren. Das liegt daran, dass diese Informationen leichter ins Langzeitgedächtnis übergehen, ohne von anderen Informationen überschattet und durchkreuzt zu werden. Wann greift der Primäreffekt (Bierhoff 2006, S. 280; Piwinger und Bazil 2017, S. 11 f.)? Erstens bei der größeren Aufmerksamkeit der Probanden am Anfang der Liste. Gelingt es, die Aufmerksamkeit des Publikums bis zum Schluss aufrechtzuerhalten, dann verschwindet der Primäreffekt. Zweitens: wenn Menschen glauben, dass nicht alle Informationen gleich zuverlässig sind, ignorieren sie die nachgeordneten Informationen, welche mit den früheren unverträglich sind. Drittens sind die anfänglichen Informationen Anker, an den spätere Informationen angeglichen und im dessen Licht interpretiert werden. Deshalb achten Sie auf den Anfang Ihrer Rede! Er ist mehr als deren Beginn.

Dem Primäreffekt steht der Rezenzeffekt gegenüber. Dieser besagt, dass später eingegangene Informationen zumindest kurzfristig die Meinungsbildung stärker beeinflussen als früher eingegangene Informationen. Bei Argumentationen in Reden geht es also darum zu bestimmen, ob die stärkeren Argumente den Primäreffekt oder den Rezenzeffekt auslösen sollen. Wann greift nun der Rezenzeffekt (Bierhoff 2006, S. 280–281; Piwinger und Bazil 2017 S. 13 f.)? Erstens sind Informationen, die zuletzt gegeben werden, besser aus dem Gedächtnis abrufbar als frühere. Zweitens wird eine Person positiv bewertet, wenn ihr eine negativ bewertete Person vorausgeht, und negativ, wenn sie auf eine positiv bewertete Person folgt. Deshalb ist auf die Reihenfolge der Redner zu achten. Drittens erhalten bei einem Lern- und Entwicklungsprozess spätere Informationen eine höhere Bedeutung als die früheren, weil diese im Laufe der Zeit durch spätere Informationen entwertet werden. Wenn Sie also in Ihrer Organisation zu einem Thema mehrere Veranstaltungen ausrichten, schauen Sie sich genau die Reihenfolge der Referenten und Themen an und entscheiden Sie, ob dabei der Primär- oder der Rezenzeffekt greifen soll.

Bei der Erörterung gegnerischer Argumente geht es um die Frage: Soll der Redner diese vorwegnehmen und entkräften, damit sie später, wenn sie vom Gegner selbst vorgebracht werden, keine starke Wirkung auf das Publikum hinterlassen, oder ist es besser, sie zu verschweigen und auf den Primäreffekt der eigenen Argumente zu setzen? Pro-Contra-geführte Argumentationen verfangen sich eher bei Personen, die ursprünglich gegenteiliger Ansicht waren und ein hohes Bildungsniveau besitzen. Sie sind auch bei Rezipienten erfolgreich, denen die angesprochenen Themen bekannt sind. Einseitige Argumentationen, d. h. solche, die Gegenargumente verschweigen und nur die eigenen vorbringen, sind bei Rezipienten vorteilhaft, die der gleichen Ansicht und weniger gebildet sind, und bei jenen, denen die Themen unbekannt sind.

Abgesehen vom Inhalt ist auch hier die Person des Redners wichtig. Damit ist nicht der optische oder kinästhetische (Mimik, Gestik) Eindruck gemeint, sondern der sogenannte „Sleeper-Effekt". Dieser beschreibt die Langzeiteffekte einer Information auf den Empfänger, wenn dieser seine ursprüngliche Einstellung zum Redner „vergisst", wenn also der Sprecher im Laufe der Zeit dem Empfänger z. B. nicht mehr so glaubwürdig erscheint, wie er ihm zum Zeitpunkt der Informationsaufnahme erschienen war. Hat der Empfänger, hier der Zuhörer, den Ursprung der Information vergessen, also den Redner, hängt die Bewertung dieser Information später nur noch von deren Inhalt ab und nicht mehr von der Einstellung gegenüber dem ursprünglichen Überbringer, also dem Redner. Dieser Effekt hat natürlich Folgen für eine mögliche Einstellungsänderung: Hatte der Zuhörer seine Einstellung damals beibehalten, weil der Redner unglaubwürdig war, kann jetzt seine Einstellung geändert werden, weil das Band zwischen einem unglaubwürdigen oder unsympathischen Redner und der Information bzw. Botschaft nicht mehr besteht. Die rhetorischen Figuren, die Redner benutzen, um sich den Weg ins Gedächtnis der Empfänger zu bahnen, sind z. B. Anaphern und Alliteration: Anapher ist die Wiederholung eines Wortes oder einer Wortgruppe in einem Satz, wie „Bewegte sich langsam und mühevoll – bewegte sich in so merkwürdiger Art" (Ueding und Steinbrink 2011, S. 304) oder im Falle der Alliteration beginnen Wörter mit demselben Buchstaben, wie „Land und Leute" oder „Spiel und Spaß" usw.

Die Wirkung von Botschaften hängt also zunächst stark von demjenigen ab, der diese überbringt. Aber die Botschaft kann ihre Wirkung auch unabhängig vom Redner entfalten – wenn auch zeitversetzt. Deshalb verwerten Sie Ihre Rede oder Auszüge oder Sätze aus ihr auch in anderen Medien Ihrer Organisation, damit die Botschaft sich in den Köpfen Ihres Publikums einnistet. Ist die Einstellung Ihnen gegenüber aus irgendeinem Grund negativ, führen Sie die Botschaft an, ohne mit ihr Ihren Namen zu verbinden.

Der Halo-Effekt ist die nächste Wahrnehmungsart. Er besagt: Wenn ein Mensch positive Eigenschaften besitzt, wird er mit großer Wahrscheinlichkeit auch andere positive Eigenschaften haben und umgekehrt: Wenn eine Person negative Eigenschaften hat, hat sie auch andere negative. So gilt: Attraktive Menschen wirken auch intelligent, höflich, erfolgreich usw., weniger attraktive Menschen dagegen weniger erfolgreich, weniger gesellig, ärmer usw. (Bierbrauer 1996, S. 43). Der Ruf eines Redners und sein Aussehen können diesen Halo-Effekt entfalten. Würden wir einem Publikum mitteilen, dass in den nächsten Minuten J. F. Kennedy den Raum betreten und ein Grußwort an uns richten würde, können wir sicher sein, dass das Publikum diese Rede für großartig halten würde, denn ein Mann von Kennedys Ruf kann grundsätzlich keine schlechte Rede halten. Das ist ausgeschlossen. So achten Sie in der Vorfeldkommunikation darauf, wie der Gastgeber den Redner dem Publikum vorstellt, welche Fotos von ihm kursieren, welche Informationen das Publikum über den Redner vom Gastgeber erhält. Allerdings: je bekannter der Redner ist, umso schwieriger ist es, den Halo-Effekt bei Redeanlässen zu ändern.

2.2.6 Wiederholen Sie

Eines der einfachsten, aber bewährtesten Mittel der Kommunikation und der Rede ist die Wiederholung: „repetitio est mater studiorum" sagten die Römer, oder „Wiederholung ist die Mutter des Lernens". So wie wir einen Stoff wiederholen, den wir uns aneignen wollen, so sollten wir unsere Botschaften wiederholen, die wir in den Köpfen der Zuhörer einhämmern wollen. Wiederholung kann wörtlich sein, indem ein Kernsatz oder Kernwort mehr als einmal in der Rede fällt oder abgewandelt als Beschreibung vorkommt. Nehmen wir den plakativen Satz: „Jedes Kind zählt." Diesen Satz kann man am Anfang und am Ende einer Rede wiederholen und dazwischen einen gleichsinnigen Satz einschieben: „Jedes Kind ist einmalig mit seinen Stärken, aber auch Schwächen. Oft hören wir: Jeder sei ersetzbar. Nein. Niemand ist ersetzbar." So oder ähnlich wiederholen Sie Ihr Anliegen, und vergessen Sie eins nicht: Auch wenn Sie selbst Ihrer Kernsätze und Botschaften überdrüssig sind, glauben Sie nicht, Sie hätten schon das Publikum erreicht. Wenn Sie sich nicht mehr hören können, beginnt das Publikum erst, Sie zu verstehen. Das Maß sind nicht Sie, sondern das Publikum.

2.3 Formulierung

In dieser Phase geht es um die Formulierung des Redetextes. Sprache, Stilmittel, Satzzeichen, Typoskript sind die zentralen Fragen, mit denen sich Redner und Redenschreiber befassen.

2.3.1 Reden kommt vor Schreiben

Die Maximen für eine gute Sprache sind längst bekannt. Sie sind inzwischen ein Bildungsgut. Hier nochmals die vier grundlegenden Empfehlungen – lieber:

- kurz statt lang (Wörter, Sätze)
    - „Leider" statt „bedauerlicherweise"; „trotz" statt „in Anbetracht"; „gleichwohl" statt „nichtdestotrotz"
- verbal statt nominal (Substantive)
    - „überweisen" statt „Überweisung veranlassen"; „verschicken" statt „die Auslieferung erfolgt"; „verspätet" statt „von Verspätung betroffen"
- aktiv statt passiv
    - „Wir haben veranlasst, dass…" statt „Es ist veranlasst worden, dass"; „Wir haben gesagt, dass…" statt „Es wurde gesagt, dass…"; „Sie haben mich informiert." statt „Ich bin von Ihnen informiert worden."
- konkret statt abstrakt
    - „Es hat viel Geld gekostet" statt „Es war mit hohen Kosten verbunden"; „Sag mir, was dir unter den Nägeln brennt." statt „Ihre Mitteilung über die Betrübnisse Ihrer Seele haben für mich einen großen Informationswert."; „Ihre Seminare haben unseren Mitarbeitern geholfen." statt „Die Inanspruchnahme Ihrer Dienstleistung hat unseren Mitarbeitern geholfen."

Übrigens stoßen auch diese selbstverständlichen Regeln zuweilen auf Grenzen. Denn man kann auch mit langen Sätzen oder passivischen Formulierungen eine gute Rede halten. Doch das sind Ausnahmen. Einer der begabtesten Redner der Bundesrepublik, Franz Joseph Strauß, sagt über sich als Redner:

> Ich bin der geborene Anti-Rhetor. Erstens rede ich nie kurz, zweitens bilde ich lange Sätze, drittens verwende ich viele Fremdwörter und fremdsprachige Zitate. Aber alle drei Dinge zusammengenommen führen offensichtlich zu einer rhetorischen Wirkung, über die ich mich, was Größe und Ausdauer meines Publikums angeht, nie zu beklagen habe. Nach Meinung meiner Kritiker rede ich deutsch, als ob ich versuchte, das Latein Ciceros auf Deutsch zu bieten, nämlich lange, verschlungene Satzkonstruktionen, die am Schluss dann doch wider alle Erwartungen aufgehen. Aufmerksamen Zuhörern stellt sich die Frage, ob ich das Satzende erreichen werde oder nicht – was für zusätzliche Spannung sorgt. Die Länge meiner Rede ist gelegentlich durchaus auf meine Freude am Formulieren, auf meine Lust an der Darstellung zurückzuführen. Allerdings gebietet es meiner Meinung nach schon die Höflichkeit gegenüber den Bürgern, sie nicht, wenn sie zu Tausenden und von weither kommen, in wenigen Minuten mit ein paar Schlagworten abzuspeisen. Ich halte es für eine Zumutung, wenn der Bürger, der kommt, um vom Politiker Auskunft zu erhalten, mit nichtssagenden Floskeln bedient wird. Zwanzig Reden am Tag von jeweils fünf Minuten Dauer – als Politiker wie als Redner halte ich das für einen falschen Weg (Strauß 1989, S. 164).

Solche Ausnahmen gibt es auch.

Je größer der Zuhörerkreis ist, umso einfacher und eingängiger sollte Ihre Sprache sein. Einfach heißt: mehr Hauptsätze und weniger Nebensätze. Aber Vorsicht! Eine Rede ist kein Telegramm. Nur Hauptsätze wirken monoton. Wechseln Sie zwischen langen und kurzen Sätzen: zwei Hauptsätze, ein Nebensatz; Nebensatz, Hauptsatz, Hauptsatz usw. Auch hier springt uns eine alte, aber keineswegs veraltete Regel bei: *variatio delectat*, d. h. Abwechslung erfreut. Dieser Grundsatz gilt auch für Satzbau, Stimme, Körpersprache. Auch bei Textsorten: Erzählung, Bericht, Witz, Erklärung, Frage-Antwort mit dem Publikum usw. Wenn Sie Ihre Rede mit einer persönlichen Erzählung beginnen, dann zu einem Bericht übergehen und ihn mit einer humorigen Geschichte würzen, die in eine kurze Reihe von rhetorischen Fragen mündet, an deren Ende Sie mit Zahlen argumentieren, und die Rede zum Schluss wieder mit einer persönlichen Geschichte beenden, ist es wahrscheinlicher, dass das Publikum Ihnen aufmerksam folgt. Sonst – bei reinem Bericht oder reiner Erzählung – könnte es abschalten und gedanklich abschweifen.

Damit Ihre Rede auch tatsächlich eine „Rede" bleibt und im Zuge des Schreibens zu keiner „Schreibe" wird, rufen wir kurz ins Gedächtnis, was ich in der ersten Phase der Redevorbereitung, der Erfindung, schon gesagt habe: Reden Sie aus hohlem Bauch und drauf los, um Ideen zu erzeugen und die, die Sie schon in sich haben, zu heben. Kehren bestimmte Gedanken und Formulierungen immer wieder, schreiben Sie sie dann auf. So die Empfehlung für die Erfindungsphase. Sie sehen, dass bereits zu Beginn des ganzen Prozesses der Text sich webt und Sie vom Mündlichen zum Schriftlichen gleiten und nicht umgekehrt vom Schriftlichen zum Mündlichen.

Rede entsteht aus Reden und nicht aus Schreiben. So der Kernsatz. Es ist unerheblich, ob Sie selber der Redner sind oder der Redenschreiber: Sie müssen die Rede redend formulieren. Friedrich Nietzsche schreibt dazu: *„Weil dem Schreiben viele M i t t e l des Vortragenden f e h l e n, so muss er im Allgemeinen eine s e h r a u s d r u c k s v o l l e Art von Vortrage zum Vorbild haben: das Abbild davon, das Geschriebene, wird schon notwendig viel blässer ausfallen."* (Nietzsche 1980b, S. 38). Wenn Vor-Reden aus zeitlichen Gründen schwer oder gar unmöglich sind, dann lesen Sie Ihren schriftlichen Text, sobald sie ihn angefertigt haben, laut vor. Lautes Vorlesen verfremdet den Text, Sie hören Ihre eigene Stimme und merken, ob die Sätze holpern und stolpern oder fließen und rinnen. Diese Methode hat noch den Vorteil, dass Sie lernen, den Text modulierend zu sprechen, d. h. abwechselnd und modulierend.

2.3.2 Satzzeichen sind der Atem der Rede

Werfen Sie einen Blick auf Ihren Redetext. Sie werden sehen, dass darin vor allem zwei Satzzeichen vorkommen: Punkt und Komma. Ungünstig! Die Sprache stellt uns mehr Satzzeichen zur Verfügung – und nicht aus freizeitlichen oder kosmetischen Gründen. Benutzen Sie erstens mehr Punkte als Kommata, damit die Sätze eher kürzer als länger ausfallen und sich schneller den Weg in die Ohren der Publika bahnen. Zuerst reden, dann schreiben hat auch den Vorteil, dass man sich unbewusst verschiedener Satzzeichen bedient, die die Rede verlebendigen. Verwenden Sie auch das Ausrufezeichen und Fragezeichen. Der Grundsatz *variatio delectat* greift auch hier. Frage und Ausrufung, Verwunderung und Aufforderung, Behauptung und Zweifel drücken verschiedene Stimmungen und Haltungen aus und bereichern die emotionale Klaviatur Ihrer Rede. Friedrich Nietzsche schreibt dazu: *„Der Reichtum an Leben verrät sich durch R e i c h t u m a n G e b ä r d e n. Man muss Alles, Länge und Kürze der Sätze, die Interpunktionen, die Wahl der Worte, die Pausen, die Reihenfolge der Argumente – als Gebärden empfinden l e r n e n."* (Nietzsche 1980b, S. 38).

2.3.3 Textbausteine sind Bauelemente

Wenn Sie in einer Organisation arbeiten, die Units, Abteilungen oder Referate hat, kennen Sie den nützlichen Brauch, inhaltliche Anregungen für Reden von Ihren Fachleuten zu holen – manchmal als Stichworte und manchmal als fertige Redetexte –, weil Sie als Redner oder Redenschreiber zwar mit manchem vertraut sind, aber nicht in allem zu Hause. Diese Texte, verfasst von Spezialisten, nicht aber von rhetorisch geschulten Kolleginnen und Kollegen, müssen oft „gereinigt" werden – von Zahlenlast, von juristischem Kauderwelsch oder auch von labyrinthischer Fachschreibe. Oft müssen diese Texte auch noch mit menschlicher Wärme angehaucht werden. Sind Sie ein Redenschreiber, besuchen Sie die Bereichsleiter oder die Spezialisten, deren Themen für Sie relevant sind, und erklären Sie ihnen, welche Art von Texten Sie benötigen. Vermutlich werden Sie auch später keine einwandfreien Texte erhalten, aber immerhin bessere und schneller verwertbarere. Daher überlegen Sie sich, ob eine interne Beratung mit den Fachabteilungen über die Art der Zuarbeit, auf deren Hilfe Sie öfter zurückgreifen, nicht sinnvoll wäre.

Bei wiederkehrenden Themen behilft man sich einer Sammlung von Textbausteinen, die so, wie sie sind, in die Texte eingeschmolzen werden können. Das spart Zeit und erspart Mühe, aber Vorsicht, die Texte müssen immer in den Kontext passen und nicht als Standardsätze wahrgenommen werden, sonst verfehlen sie das Ziel. Eine gute Quelle für sprachliche und thematische Wiederholungen ist die Urrede und das Archiv, das Sie bei der Erfindung angelegt haben. Beachten Sie, dass Textbausteine ein Werk im Werden sind – sowohl mit Blick auf deren Inhalt, als auch deren Sprache. Auch sie haben ein Verfallsdatum.

2.3.4 War am Anfang die Anrede?

Gewöhnlich fangen neunundneunzig Prozent aller Reden mit einer Anrede an. Am meisten mit der klassischsten unter ihnen: *„Sehr geehrte Damen und Herren".* Es ergäbe wenig Sinn, diesen Brauch zu ändern oder gar Anreden abschaffen zu wollen. Menschen wollen angesprochen werden. Wir freuen uns, wenn wir namentlich angesprochen werden – mündlich und schriftlich. Aber man kann die Verwendung von Anreden um eine Variante erweitern.

Beginnen Sie Ihre Rede ohne Anrede, meinetwegen mit einem Zitat, mit einer Erzählung, mit einer Feststellung oder auch mit einer Frage! Reißen Sie das Thema oder den Anlass kurz an, um dann fortzufahren: „… *und dazu heiße ich Sie, sehr geehrte Damen und Herren, herzlichen willkommen".* Überraschung weckt Aufmerksamkeit und Aufmerksamkeit stützt unser Gedächtnis. Sie überraschen das Publikum, weil Sie seine Erwartung, die Erwartung nämlich, mit einer Anrede in die Herzkammer des Themas geleitet zu werden, brechen und sie auf einen späteren Zeitpunkt verschieben, den das Publikum nicht kennt und auch nicht ahnt.

2.3.5 Das Unverständliche – Fluch und Segen

Vermeiden Sie Abkürzungen! Wer weiß schon, dass BMBF für *Bundesministerium für Bildung und Forschung* oder BMJ für *Bundesministerium der Justiz* steht oder dass EU nicht nur für die *Europäische Union*, sondern auch für den Energieumsatz steht oder KOM für *Europäische Kommission?* Der Zuhörer weiß nicht immer das, was der Redner weiß! Je homogener Publikum und Redner, desto wahrscheinlicher, dass beide ähnliches Wissen teilen; je heterogener, umso unwahrscheinlicher und höher das Risiko, mit Abkürzungen, Fachbegriffen oder historisch-fachlichen Zusammenhängen das Publikum im Dunklen zu lassen und zu verwirren. Diese Einsicht kling zuerst selbstverständlich und keiner Sondererwähnung wert. Dennoch vergessen wir oft, wie wir uns in Organisationen in einer sprachlich so engen und selbstbezüglichen Welt bewegen – mit Fachwörtern, Wendungen, Abkürzungen, Argumentationen – und uns daran gewöhnen, dass Redner und Redenschreiber Zug um Zug das für selbstverständlich halten, was der Außenwelt fremd und unverständlich bleibt.

Niemand will als dumm und unwissend gelten. Wenn das Publikum heterogen ist, achten Sie auf diese Falle. Sie dürfen beim Publikum nicht das voraussetzen, was für Sie selbstverständlich ist oder als Gemeingut gilt – sogar bei offenkundigen Daten, wie beim 3. Oktober („*... am 3. Oktober, als um Mitternacht die Fahne der Einheit vor dem Berliner Reichstag wehte ...*") oder 9. November („*... als am 9. November die Mauer fiel ...*").

Der Unterschied zwischen einem Leser und einem Hörer ist ein wesentlicher: Der Leser, wenn er eine Stelle nicht versteht, kann sie nochmals lesen oder sich von einem Lexikon belehren lassen, der Zuhörer aber vermag diese Stelle nicht noch einmal „zurückzuspulen" – er muss sie auf Anhieb verstehen. Wenn Sie jemanden zitieren, z. B. Werner Heisenberg, fügen Sie hinzu „*... wie der Physiker Werner Heisenberg es sagte ...*". Und wenn ein Zitat sehr treffend ist, der Autor aber unbekannt, dann nennen Sie dessen Beruf oder Position „*... ein Gelehrter*", „*ein Wissenschaftler aus dem 17. Jahrhundert...*", „*ein amerikanischer Geschäftsmann*" und erst dann den Namen.

2.3.6 Von Nutzen und Nachteil der Floskeln

Es ist eine gute Übung, Redende und Schreibende zu warnen vor Wörtern und Wendungen, die überflüssig sind und ohne die man Zeit in der Rede und Platz auf dem Papier sparen könnte. Floskel kommt von Lateinisch *flosculus,* Verkleinerung von *flor,* und bedeutet Blümchen. Floskeln sind Blümchen, oft papierne, die nicht duften, aber im Beet aufgesteckt werden, um es von Weitem ansehnlich erscheinen zu lassen. Einige unserer Lieblingsfloskeln sind zum Beispiel *„innovativ", „dynamisch", „motiviert", „kreativ", „werteorientiert", „Zukunftsperspektiven", „Visionen", „wir sind gut aufgestellt", „das hat für uns höchste Priorität".* Wir wiederholen sie so papageienhaft, dass wir selber nicht mehr wissen, was sie eigentlich bedeuten. Auch Wörter, wie *„interessant"* oder *„spannend"* sind Floskeln und weitere Wendungen, die Karriere gemacht haben, sind *„die Zeichen der Zeit erkennen", „Krisen sind Chancen", „Deutschland hat keine Rohstoffe", „Investitionen in Köpfe statt in Beton",* und dann Plastikwörter wie *„Krise", „Kommunikation", „Globalisierung", „Struktur", „Prozess"* usw. Zu Recht brechen wir den Stab über sie, weil man sie bald nicht mehr hören kann. Dennoch möchte ich für sie auch eine Lanze brechen. Floskeln sind oft Ersatzschweigen, weil man etwas sagen muss von Amtswegen, aber nicht etwas sagen will oder nichts zu sagen hat. Floskeln sind auch Blüten der Höflichkeit: *„Ach, das ist aber interessant!".* Floskeln gehören zum Alltag. Höflichkeit kommt ohne sie nicht aus. Menschliches Zusammenleben ebenso wenig. Wehe, wenn wir auf sie verzichten!

Rhetorik kennt, wie bereits erwähnt, die *captatio benevolentiae,* das Erringen von Wohlwollen, das man gleich zu Beginn der Rede beim Publikum zu gewinnen versucht (*„Sehr geehrte …", „Ich freue mich, hier zu sein"* usw.); Rhetorik kennt aber keine *captatio malevolentiae* (*„Hallo ihr Deppen", „Ich habe etwas Besseres zu tun, als hier zu sein und zu euch zu reden"* usw.). Manch ein Redner mag mit diesem Gefühl den Saal betreten, aber er wird den Teufel tun, ehrlich zu sein. Deshalb verwenden Sie Floskeln so wenig wie möglich und so viel wie notwendig. Bei Plastikwörtern (Pörksen 1988) versuchen Sie, diese zu erklären: *„Motivation, d. h. für mich …."* oder *„Globalisierung, die … bedeutet …".* Abgeleitete Wendungen, wie *„wir stellen uns dieser*

Herausforderung" können Sie getrost streichen oder, wenn notwendig, sehr sparsam benutzen. Manchmal will das Publikum diese Wörter und Wendungen hören, denn diese geben ihm das Gefühl dazuzugehören, Teil der großen und mächtigen Öffentlichkeit zu sein.

Sprichwörter – vergessene Schätze
Sprichwörter sind kurz, überraschend und beliebt. Da sie auch zuweilen rhythmisch verfasst sind, lassen sie sich schneller und besser einprägen. Als kollektive Weisheit – hier sehe ich von den Unterschieden zwischen Aphorismen, Maximen, Epigramme usw. ab – beanspruchen sie natürliche Autorität. Die Volkslogik bezwingt (Bazil und Piwinger 2016). Daher sollten Sie sich überlegen, stärker auf Sprichwörter zurückzugreifen. Sie können Sprichwörter unterschiedlich einsetzen:

1. **Zitieren**
   Sie bauen Sprichwörter in Ihren mündlichen oder schriftlichen Text ein.
2. **Kommentieren**
   Sie zitieren und interpretieren Sprichwörter. Die „Adagia" von Erasmus von Rotterdam (ca. 1466–1536) sind ein bekanntes Beispiel für diesen Gebrauch. Übrigens eine schöne Quelle für Redner und Redenschreiber!
3. **Widerlegen**
   Sie nehmen ein Sprichwort und widersprechen ihm: „Nicht Geld regiert die Welt, sondern die Menschen." (Hoffmann 2012, S. 206). Brecht führt das Sprichwort „Wer A sagt, der muss auch B sagen" an und widerlegt es: „Wer A sagt, der muss nicht B sagen. Er kann auch erkennen, dass A falsch war." (Detje 1996, S. 33).
4. **Abwandeln**
   Sie können auch mit Sprichwörtern spielen. Zum Beispiel hat Horst Ehmke (1927–2017), Chef des Kanzleramtes unter Willi Brandt (1913–1992), folgende Variante geprägt: „Wer den Brandt nicht ehrt, ist den Barzel wert." (Detje 1996, S. 40). Oder wir lesen in Zeitungen: „Was Hänschen mal gelernt hat, verlernt Hans nur schwer" oder „Sie wären nur zu gern ihres Glückes Schmied." (Hoffmann 2012, S. 216).

5. **Auslassen**
Sie können Sprichwörter auch in einer Schwundstufe benutzen: „Wer den Pfennig nicht ehrt, …". Der erste Teil wird angegeben, den zweiten Teil muss man dazu denken. Gehen Sie so aber nur mit sehr geläufigen Sprichwörtern vor, sonst überfordern Sie das Publikum.

Sprichwörter erfüllen aufgrund ihrer natürlichen Autorität auch argumentative Funktionen. Sie dienen als Prämisse oder als Schlussfolgerung (Bazil und Piwinger, S. 17 f.). Hier zwei Beispiele:

1. „Politische Entscheidungen sind langwierig. Man braucht einen langen Atem, um durch den großen ‚Apparat' Anliegen in politische Entscheidungen zu verwandeln. Doch steter Tropfen höhlt den Stein – und das, was ich im Wahlkreis an Hinweisen bekomme, geht nicht unter, sondern fließt in die Berliner Politik ein." (Hoffmann 2012, S. 100) In diesem Beispiel dient das Sprichwort „Steter Tropfen höhlt den Stein" als Prämisse. Die Argumentation syllogistisch formuliert heißt weiter: Nun arbeite ich hart im Wahlkreis („Steter Tropfen…"), also fließt die Arbeit in die Berliner Politik („…höhlt den Stein").
2. „Mein Drahtesel ist bepackt. Das grobe Ziel ist klar: Irgendwo ins nördlichste Afrika will ich. Ob Timbuktu oder Agadir, ist doch egal. Der Weg ist das Ziel. Und dieser beginnt bereits vor meiner Haustür." (Hoffmann 2012, S. 161). In diesem Beispiel dient das bekannt Sprichwort „Der Weg ist das Ziel" als Schlussfolgerung: Ich mache mich auf den Weg, das genaue Ziel aber ist mir gleich, so ist der Weg das Ziel.

2.3.7 „Wie Witzig …"

Es gehört zu den gängigen Empfehlungen für einen guten Redenschreiber, Humor bzw. Witz in seine Redetexte einzubauen. Gerade das Wohlwollen, welches Redner zu Beginn der Rede durch Humor erringen, öffnet die Ohren und Poren des Publikums, macht den Redner oder die Rednerin sympathisch und düngt den Boden für eine gelungene Rede. Doch werfen Witz und Humor auch andere Fragen auf, die unsere tägliche Arbeit ebenfalls berühren, aber über die reine Textrhetorik hinausgehen. Einige dieser Fragen erörtert nun die Deutsche Forschungsgemeinschaft gemeinsam mit den Universitäten Marburg und Wuppertal unter dem Titel „Politik und Komik". Fernsehsendungen, die Politik humoristisch oder satirisch inszenieren, sind beliebt. Formate wie die „heute-show" (ZDF) erreichen hohe Einschaltquoten. Politische Comedy hat einen festen Platz in der seriösen journalistischen Berichterstattung, und im letzten Bundestagswahlkampf wurde Stefan Raab, ein prominenter TV-Entertainer, in das Moderatoren- und Moderatorinnenquartett des TV-Duells zwischen der Kanzlerin und dem Herausforderer aufgenommen. Inwiefern beeinflussen humorvolle Darstellungen die Wahrnehmung des Publikums von Politik und Politikern? Wie wird Komik durch politische und mediale Akteure im deutschen Fernsehen eingesetzt? Wie treten Politikerinnen und Politiker in Satiresendungen auf? Wie sollten sie auftreten? Fragen, die auch uns als Redenberaterinnen und Redenberater angehen! Dass Witz eine ernste Angelegenheit ist, wusste auch die Antike. In Griechenland verspotteten geistreiche Menschen Passanten oder einflussreiche Bürger und benutzten dabei Sammlungen von Witzen in Schriftrollen – die Vorform der heutigen Sprüche- und Zitatensammlungen. Dass Lachen und Witz nicht harmlos waren, zeigt der Argwohn, den die griechische Oberschicht mit dem Zerfall der Polis gegenüber dem Lachen empfand. Im Römischen Recht war es verboten, einen Bürger lächerlich zu machen, weshalb Cicero Redner dazu mahnte, Witze angemessen einzusetzen, damit ihre Rednerlaufbahn nicht rasch zu Ende ginge. Ähnlich lehnte die Aufklärung den Humor ab, weil dieser angeblich ein Verstoß gegen Logik und stringente Argumentation wäre. In der Reformation und Gegenreformation gab man mit ihm den Gegner der Lächerlichkeit preis. Da man sich aber selber fürchtete, Opfer des Lachens zu werden, mäßigte man sich. In der französischen Nationalversammlung war Lachen sogar verboten, aber wurde allmählich als ein Mittel der politischen Auseinandersetzung akzeptiert. Im deutschen Vormärz bediente man sich des Humors als ein wichtiges Mittel im Kampf gegen Aristokratie und Absolutismus. Die Zahl der Karikaturen, Witzblätter und gedruckten Satiren schnellte daher in die Höhe – trotz der Zensur der Karlsbader Beschlüsse von 1819. Humor und Witz sind doppelbödig: Sie schaffen Distanz und Nähe zwischen Menschen; sie verursachen und lösen Konflikte, sie verhüllen und enthüllen Probleme. Kurzum: Sie bleiben eine Zwittergestalt. Der bedachte Einsatz dieser rhetorischen Mittel erfordert Umsicht und Klugheit.

2.3.8 Schein schlägt Sein

„Alles hat heutzutage seinen Gipfel erreicht, aber die Kunst, sich geltend zu machen, den höchsten." (Gracian 1967, S. 1). Dieser Spruch des Jesuiten Balthasar Gracian (1601–1658) aus dem 17. Jahrhundert war damals genauso richtig, wie er es heute ist. Wer Reden hört, achtet nicht nur auf den Inhalt, sondern auch auf die Rednerin bzw. den Redner. Freiwillig oder unfreiwillig gibt dabei der Redner viel von sich preis und das färbt auch auf die Organisation ab, der er vorsteht. Wir wissen inzwischen, dass Personen an der Spitze einer Organisation, sei sie Unternehmen, Partei, Stiftung usw., auch deren Image prägen. Die Weber Shandwick Studie „The CEO Reputation Premium: Gaining Advantage in the Engagement Era" kommt zum Ergebnis, dass knapp die Hälfte der befragten Führungskräfte und Konsumenten das Image eines Unternehmens an die Reputation der Spitzenperson knüpfen (Weber Shandwick Studie 2015). Ein gutes Firmenimage und ein hohes Ansehen des Vorstandsvorsitzenden verstärken sich gegenseitig, und ebenso zieht ein schlechter Ruf des Vorsitzenden auch die Reputation des Unternehmens in Mitleidenschaft. Kleinere Organisationen werden ganz und gar mit ihrer Spitze identifiziert, so wie bei „Saatchi und Saatchi" die Sorge um die Firmenreputation umherging, als die beiden Brüder „Saatchi und Saatchi" es verlassen hatten. So beträgt heute die Berichterstattung über den Vorstandsvorsitzenden bereits 10 % der gesamten Berichterstattung über das Unternehmen. Wollen sich Spitzenkräfte positionieren, dann müssen sie sich der „Rede" bedienen, denn sie ist das geeignete Instrument, um die richtigen Eindrücke zu hinterlassen – inhaltlich und persönlich. Entscheidungsreden – bezogen auf den Inhalt – und Selbstdarstellungsreden – bezogen auf

den Redner – können wir voneinander unterscheiden, dürfen wir sie aber voneinander nicht trennen, denn jede Rede atmet durch diese beiden Lungen. Die Kunst der Selbstdarstellung heißt, wie bereits erwähnt, „Impression Management" und sie erschöpft sich nicht in Äußerlichkeiten, wie Auto, Wohnort, Titel, Mitgliedschaften, Kleider, Fotos usw., sondern auch sprachlich. Hochsprache und Mundart sind genauso imagerelevant wie einzelne Wörter und Wendungen. Wer sagt *„Ich will etwas bewegen …"*, will dynamisch erscheinen; wer *„Freiheit"* und *„Leistungsbereitschaft"* betont, legt Wert auf Individualität; wer *„… Wohlstand für alle", „soziale Sicherheit", „… gemeinsam kochen …"* sagt, zeigt eine soziale Ader; wer von *„… Kunst … Opern … Büchern…"* spricht, will als kulturinteressiert wahrgenommen werden und wer das *„… Laufen im Wald …"* mag, scheint naturverbunden zu sein. Dieser Versuch, sich so oder so zu positionieren, kann das Gegenteil bewirken, sobald die Sonntagsreden schon am Montag vergessen sind. Wer ja sagt und nein macht, tut dem eigenen Image und dem seiner Organisation Abbruch. Redenschreiber also, die sprachlich auf die Reputation ihrer Rednerinnen und Redner achten, übernehmen auch Verantwortung für das Verhalten ihrer Auftraggeber, damit das Wort zur Geltung kommt und mit ihm in eins die Spitzenperson selbst.

Auch in Reden hinterlassen wir Eindrücke und offenbaren wir uns dem Publikum selbst und manchmal geben wir sogar etwas von uns preis, das nicht im unseren Sinne ist und nicht im Sinne unserer guten Reputation. Das ist eben das Risiko der Kommunikation als einer zeichenhaften Interaktion, in der Zeichen stets gedeutet werden.

Hier einige sprachliche Beispiele:

- *„Ich will jedenfalls alles tun, damit ein Wahlkampf ein Wettbewerb um Entwürfe und um Ideen ist und nicht ein Kampf gegen Personen."* (ich bin ein Vorbild);
- *„Ich muss bestimmten Gruppen, die in einer für mich unakzeptablen Weise ihre egoistischen Partikularinteressen gegenüber dem Gemeinwohl zu stark betonen, gelegentlich auf den Fuß treten."* (ich bin ein Macher);
- *„Es kommt auf jede Stimme an"* (ich bin hilfsbedürftig).

Ob die Zuhörer meine Sätze auch so verstehen, wie ich sie verstanden wissen will, ist nicht sicher. Welche Aussagen eindeutig zu welchen Eindrücken führen, können wir im Vorwege nicht sagen. Erst der Kontext entscheidet über die verschiedenen Deutungsmöglichkeiten. Deshalb ist mit jedem Versuch, diesen oder jenen Eindruck zu erzeugen, auch das Risiko verbunden, unerwünschte Eindrücke zu hinterlassen: Der obige erste Satz kann auch als „blablabla", als aalglatte Politikerfloskel wahrgenommen werden, im zweiten der Sprecher als „Wüterich" und im dritten als „Schleimer". „Entschuldigung" kann als Weichheit gelten, „Höflichkeit" als Feigheit, während wir als „einsichtig" und „kultiviert" wahrgenommen werden wollten.

Beachten Sie also den Kontext und schätzen Sie das Risiko Ihrer Aussagen ein. Gerade in Krisensituationen und bei Entschuldigungen ist diese Witterung entscheidend. Sonst gleiten Sie leicht in die Defensive und in eine Rechtfertigungshaltung ab (s. Tab. 2.2).

2.3.9 Metaphern und Wurzelmetaphern, in denen wir uns bewegen

Sie wissen, wie wichtig Metaphern sind. Sie veranschaulichen und haften am Gedächtnis. Es gibt bestimmte Metaphernfamilien, die sehr beliebt sind:

- *Architektur* („Kostenbasis", „stabil", „Säule", „breit aufgestellt", „Struktur", „ausbauen", „umbauen" usw.);
- *Bewegung* („Fortschritte", „Endspurt" usw.);
- *Mechanik* („Management-Werkzeuge", „Ertragshebel", „Know-how in der Bank zu verzahnen", „Schnittstellen" usw.);
- *Agrikultur* bzw. *Biologie* („Früchte ernten", „Geschäftsfelder", „Kerngeschäftsfelder", „Managementfelder" usw.);
- *Krieg* („Produktoffensiven", „Sieg", „Niederlage", „Strategie", „Taktik", „schlagen" usw.);
- *Weg* („Wegstrecken", „Meilensteine", „vor uns", „hinter uns" usw.);
- *Medizin* („gesund", „Verschlankung", „krank", „Äpfel mit Bananen verglichen" usw.);

- *Nautik* („Kurs halten", „Steuermann", „Verankerung", „Insolvenzwelle", „Wind", „Gegensteuern" usw.).

Bestimmt verwenden Sie auch diese Metaphern. Versuchen Sie nur, diese nicht durcheinanderzuwerfen (statt *„Wir halten Kurs, um Früchte zu ernten"* besser *„Wir halten Kurs, um schnell das Ufer zu erreichen"* usw.).

Tab. 2.2 Beispiele für Impression-Management-Techniken

Impression-Management-Techniken	Beispiele
Sich beliebt machen	„Wissen Sie, wenn Sie, Herr Appel, Sie sind doch, wie ich auch in diesem Feld, und Sie alle, wir sind doch alte Fuhrmänner."
Sich als kompetent darstellen	„Ich glaube, dass ich sehr schnell politische Situationen analysieren kann, und ich glaube, dass ich sehr früh erkenne, wie man auf sie reagieren muss."
Sich als Vorbild darstellen	„Ich will jedenfalls alles tun, damit ein Wahlkampf ein Wettbewerb um Entwürfe und um Ideen ist und nicht ein Kampf gegen Personen."
Andere einschüchtern	„Ich muss bestimmten Gruppen, die in einer für mich unakzeptablen Weise ihre egoistischen Partikularinteressen gegenüber dem Gemeinwohl zu stark betonen, gelegentlich auf den Fuß treten."
Sich als hilfsbedürftig darstellen	„Es kommt auf jede Stimme an"
Verteidigung der Unschuld	„Ich bin nicht bestechlich, habe mich nie bestechen lassen. Jeder, der mich kennt, weiß es."
Ausreden	„Möglicherweise war die äußerste Beanspruchung terminlicher und arbeitsmäßiger Art, der ich im Februar und März unterlag, ein Grund für eine nicht hinreichende Aufmerksamkeit."
Rechtfertigung	„… weil ich es für selbstverständlich erachte, dass ich jede Möglichkeit ergreife, um zu Investitionen in der Bundesrepublik zu ermuntern."

Aber noch wichtiger ist Folgendes: Wir haben nicht nur Metaphern, die veranschaulichen und versinnlichen, sondern auch Wurzelmetaphern, die mehr sind als nur Bilder und das Selbstverständnis, das Selbstbild von Organisationen spiegeln. Zwei Wurzelmetaphern sind gängig:

- Maschine
- Organismus

Auf Maschinenmetaphern deuten Sätze hin wie

> Im Moment haben wir zum Beispiel keinen Lehrling. Das ist ein Problem, das wir haben. Die Praxis läuft wie eine **gut geölte Maschine,** alles ist eingespielt. Wenn der Respekt zu wenig ist, muss ich **Öl** dazu tun. Der Lehrling ist eines Tages ein **eingeschliffenes Zahnrädchen,** soll aber vom ersten Tag an mitlaufen. Das gibt gewaltige Probleme. Ich habe den Anspruch, dass ich ausbilde. Ich habe die höchste Produktivität und viel Stress. Wenn sie [Lehrling] charakterlich nicht stark ist, dann **zerbricht** sie an dem. Das haben wir schon gehabt. (Hroch 2003, S. 133)

und auf Organismusmetaphern verweisen Sätze wie „Die Größe des Unternehmens entscheidet, wie man die Leute disponieren kann. Ich habe gute Leute, so kann ich *wachsen.*", „Die Mitarbeiter von früher, die sind *ausgestorben.*", „Wenn es für mich um den Preis gehen würde, wenn z. B. die Zielsetzung wäre, 10 % mehr Geld zu verdienen, dann müsste ich das Produkt kurzfristig *ausgliedern.* Das ist für mich aber nicht die Priorität.", „Der finanzielle Aspekt ist wichtig, dass man *überleben* kann" (Hroch 2003, S. 143, 144).

Der Gebrauch dieser Metaphern ist keine ästhetische Frage, sondern eine inhaltliche. Wer die Wurzelmetapher „Maschine" verwendet, so das Forschungsergebnis, setzt stillschweigend folgendes Menschen- und Organisationsbild voraus: Man kann die Organisation in kleine Einheiten zerlegen; eine Organisation ist die Summe seiner Teile; der Mensch ist austauschbar wie ein Maschinenteil; Effektivität ist vorrangig; alles ist kontrollierbar und muss deshalb auch kontrolliert werden (Folge: mehr Misstrauen als Vertrauen); durch Neustrukturierung bekommt man alles in den Griff; Abteilungsdenken herrscht vor; alles dreht sich um Machterhalt in der Organisation.

Die Wurzelmetapher „Organismus" dagegen hat ein anderes Menschen- und Organisationsbild: Unternehmensmitglieder wissen, dass ihr Unternehmen abhängig von der Umwelt ist (Folgen: Geplante Kommunikation gewinnt an Bedeutung); menschliche Beziehungen sind keine Nebensachen; weiche Faktoren verdienen Aufmerksamkeit; Menschen sind keine Maschinen, sondern emotionsbegabte Wesen; vernetztes Denken herrscht vor; Gruppenarbeit erhält Gewicht; „Evolution" steht im Mittelpunkt; eine Organisation ist mehr als die Summe ihrer Teile; Menschen müssen Freiräume haben; Kontrolle und Freiheit gehen einher; Vertrauen gewinnt die Oberhand (vgl. Bazil und Wöller 2006, S. 19). Aus all diesen Gründen sind Organismusmetaphern menschlicher und zeitgemäßer als Maschinenmetaphern.

Weitere rhetorische Figuren der Anschaulichkeit sind z. B. Antonomasie und Sermocinatio: Die Antonomasie setzt statt des Eigennamens einen Gattungsnamen, wie „der Sänger" für Homer oder „der Kaiser" für Franz Beckenbauer (vgl. Ueding und Steinbrink 2011, S. 291), und Sermocinatio bezeichnet die Einführung historischer oder fiktiver Gestalten in eine Rede durch die Wiedergabe ihrer Sprüche oder Gespräche, die ebenfalls fiktiv sein können, wie „,Zuviel', sagte der rechtschaffener Junge, ,habe ich von Ihnen, mein Lehrer', gehört …, um mich an unser bisheriges … Erziehungswesen gläubig hingeben zu können …", (Ueding und Steinbrink 2011, S. 320–321).

2.3.10 Regeln Sie den Eingang und Ausgang

Die Einflüsse von Primacy- und Recency-Effekt haben wir kennengelernt. Vergegenwärtigen Sie sich diese Regeln und formulieren Sie daraufhin den Anfang und den Schluss Ihrer Rede. Beliebte Verlaufsformen sind bei Einleitung und Schluss:

- die zyklische – der Schluss knüpft an den Anfang an und rundet die Rede ab
- die lineare – der Anfang stellt reißt das Problem auf, der Schluss fasst die Lösungen zusammen oder stellt weitere Fragen, die unbeantwortet bleiben, in der Hoffnung, dass das Publikum über sie nachdenkt.

Ich füge auch den appellativen Schluss hinzu, der sowohl in die erste als auch in die zweite Verlaufsform eingebaut werden kann und in dem der Redner das Publikum zum Handeln auffordert. Nebenbei angemerkt: Der Appell muss nicht ausdrücklich als solcher ausgesprochen werden und in den Satz münden: *„Lassen Sie uns gemeinsam für xy engagieren!"* oder *„Gehen Sie am Sonntag wählen! Wählen Sie xy!"* Das Publikum hört heraus, was der Redner meint und wozu er es bewegen will. Nehmen wir das letzte Beispiel: Es reicht aus, wenn der Redner erstens die soziale Gerechtigkeit als Kernthema der nächsten Jahre herausstellt und zweitens auf die Wahl am Sonntag hinweist. Dass er das Publikum dazu bewegen will, die Partei zu wählen, die für die soziale Gerechtigkeit steht, liegt für das Publikum auf der Hand.

2.3.11 Binden Sie Aufmerksamkeit

Aufmerksamkeit ist ein hohes Gut. Jeder buhlt um sie – vor allem in der organisierten Kommunikation. Sie ist die notwendige Bedingung für alles Weitere. Ohne sie finden wir keinen Zugang zu Empfängern und diese verinnerlichen ohne Aufmerksamkeit unsere Botschaften nicht. Aufmerksamkeit stützt das Gedächtnis, und ergiebige Kommunikation zielt auf das Gedächtnis von Empfängern, in deren Köpfen und Herzen Organisationen ihre Namen, Marken und Botschaften festigen wollen. Ohne Aufmerksamkeit finden wir keinen Zugang zum Publikum und mit einer geringen einen schwachen. Wer sie erregt, hat gute Chancen, erinnert zu werden. Aufmerksamkeit ist auch deshalb wichtig, weil sie das Tor zum Gedächtnis ist, ohne welches weder Brands noch Identities möglich sind, auch keine Werbung oder irgendeine Marketingmaßnahme.

Kant nennt in seinem Werk „Anthropologie in pragmatischer Hinsicht" vier Mittel, mit denen man Aufmerksamkeit binden kann: *„Die Sinnenempfindungen werden dem Grade nach vermehrt durch 1) den Kontrast, 2) die Neuigkeit, 3) den Wechsel, 4) die Steigerung."* (Kant 1977, BA 60). Der Kontrast stellt zwei widerstreitende Vorstellungen nebeneinander und erzeugt dadurch Spannung, wie das Geräusch einer Großstadt und die Stille eines beschaulichen Dorfes; das Neue, wozu auch das Seltene und Verborgene gehören, ersetzt das Alltägliche durch Ungewohntes und weckt die Aufmerksamkeit; der Wechsel oder die Abwechslung bricht die Gleichförmigkeit der Wahrnehmung und die daraus hervorgegangene Ermattung der Aufmerksamkeit; die Steigerung von Niederem zu Höherem, von Wenigem zu Vielem usw. spannt die Wahrnehmung an. Die Werbung kennt den Vorteil der Steigerung, weshalb inzwischen einfache „Krisen" nur noch Gähnen verursachen, während die „tiefste Krise" viel einnehmender klingt.

2.3.12 Entschuldigung muss gekonnt sein

Es gibt viele Anlässe, zu denen Sie reden sollten. „Entschuldigung" ist einer von ihnen. Sie ist eine Sprechhandlung, wie „loben", „tadeln", „rechtfertigen", „erklären" usw., die in Krisen zum Repertoire einer gelungenen Kommunikation gehört. Aber nichts fällt einem so schwer wie eine öffentliche Entschuldigung.

Gemeinhin verläuft die Kommunikation krumm: Organisationen vermeiden zunächst eine Reaktion auf die Kritik, dann beteuern sie ihre Unschuld, dann bagatellisieren sie das Geschehene und verteidigen ihre Entscheidung bzw. Handlung, um dann das zuzugeben, was öffentlich schon bekannt ist. Anschließend gestehen sie den Fehler und wenn der öffentliche Druck zunimmt, entschuldigen sie sich für ihre Fehler. So oder ähnlich krumm verläuft der gängige und bekannte Weg von Unternehmen, die in Krisen stecken. Mit so einer Taktik schaden Unternehmen sich selbst. Statt alles zu tun, um das für sie unangenehme Kapitel rasch und zu ihren Gunsten abzuschließen, verlängern sie mit diesem Verhalten die öffentliche und mediale Befassung mit dem Thema, die ihnen eine negative Aufmerksamkeit beschert.

Wenn wir uns auf Reden beschränken, dann bedenken Sie Folgendes:

- Vermeiden Sie Floskeln – und hier wirklich sinnlose Floskeln – wie „Das lag nicht in unserer Absicht" – das wäre noch schöner!
- Vermeiden Sie die allseits beliebte *Ja, aber*-*Methode* – wenn das Publikum „ja" hört, wartet es schon auf das „aber". Wenn notwendig, dann greifen Sie auf Ziffern zurück: „erstens" statt „ja",

„zweitens" statt „aber". So sagen Sie dasselbe, ohne die gewohnte Erwartung zu wecken, die einen Strich durch die Rechnung zieht.
- Bei Entschuldigungen dürfen sich keine Themen einmengen, die den folgenden Eindruck wecken könnten: Das Unternehmen entschuldigt sich, aber spricht zugleich so viele Themen an, dass die Aufmerksamkeit vom eigenen Fehlverhalten abgelenkt wird. Entsteht der Eindruck, Sie würden absichtlich so verfahren, büßt Ihre Entschuldigung an Glaubwürdigkeit ein. So würde der Schuss nach hinten losgehen. Deshalb beschränken Sie sich nur auf die Entschuldigung und auf Maßnahmen, die Sie einzuleiten gedenken, um beispielsweise den Schaden zu beheben, wiedergutzumachen oder künftige Fehlentwicklungen einzudämmen.
- Vergessen Sie nicht, den richtigen Ort und das richtige Publikum für Ihre Rede auszuwählen. Wer vor Medienvertretern die Opfer (einer Krise und Katastrophe) um Entschuldigung bittet, aber die Mühe scheut, direkt vor die Opfer zu treten, ist unglaubwürdig.
- Und als letztes – sagen Sie nicht *„Ich/wir entschuldige/n mich/uns",* sondern *„Ich/wir bitte/n … um Entschuldigung".* Die Betroffenen müssen Sie entschuldigen, Sie „ent-schulden" sich nicht selbst.

2.3.13 SemioDialog

SemioDialog ist eine Methode, die Rednern oder Redenschreibern eine sichere Orientierung bei der Erstellung des Redetextes gibt. Sie ist eine Fortentwicklung von Semiometrie, durch welche Marken ihre Zielgruppen präzise bestimmen können. Diese im Marketing eingesetzte Methode ist insofern für unsere Zwecke dienlich, als dass sie sich ganz und gar der Sprache bedient, vor allem der konnotativen, also emotionalen Bedeutung der Wörter (Petras und Bazil 2008).

Das Semiometrie-Modell von TNS Infratest nutzt Wörter als Indikatoren, um grundlegende Wertehaltungen zu messen. Umfangreiche Studien haben 210 Wörter als Schlüsselbegriffe zur Messung von Werten bestimmt. Mithilfe spezieller multivariater Analysetechniken werden die Begriffsbewertungen auf Basis der 4300

Fälle des bevölkerungsrepräsentativen Semiometrie-Panels zu den beiden zentralen Werte-Dimensionen „Sozialität – Individualität" einerseits und „Pflicht – Lebensfreude" andererseits verdichtet. Anhand dieser Achsen und zusammen mit den 210 Begriffen spannt sich das semiometrische „Basismapping" auf. Weitere Studien haben zudem 14 grundlegende Wertefelder in diesem Basismapping herausgestellt, die zielgruppenspezifische Informationen verdichten. Die relative Über- oder Unterbewertung der Begriffe durch die Personen innerhalb einer Zielgruppe (zum Beispiel „Stammkunden Beck's", vgl. Abb. 2.3) ergibt deren spezifisches Werteprofil im Vergleich zu einer festgelegten Referenzgruppe (in der Restbevölkerung). Man ermittelt also, was die Mitglieder einer Zielgruppe außer ihrer Gruppenzugehörigkeit noch miteinander verbindet – und wie sich diese Gruppe von anderen Populationen unterscheidet. Dabei geht es um die Konnotationen der Begriffe. Mit einigen von ihnen verbinden Menschen positive Gefühle und Stimmungen und mit anderen negative (vgl. Abb. 2.1, 2.2 und 2.3).

Die Tab. 2.3 enthält die wichtigsten Schlüsselbegriffe aller Wertefelder.

Abb. 2.1 Semiometrie-Basismappe. (Petras und Bazil 2008, S. 23)

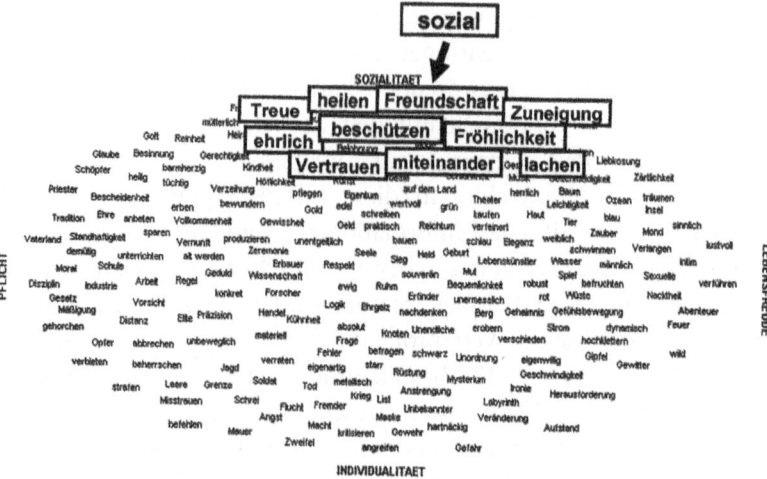

Abb. 2.2 Beispiel Wertefeld „sozial". (Petras und Bazil 2008, S. 38)

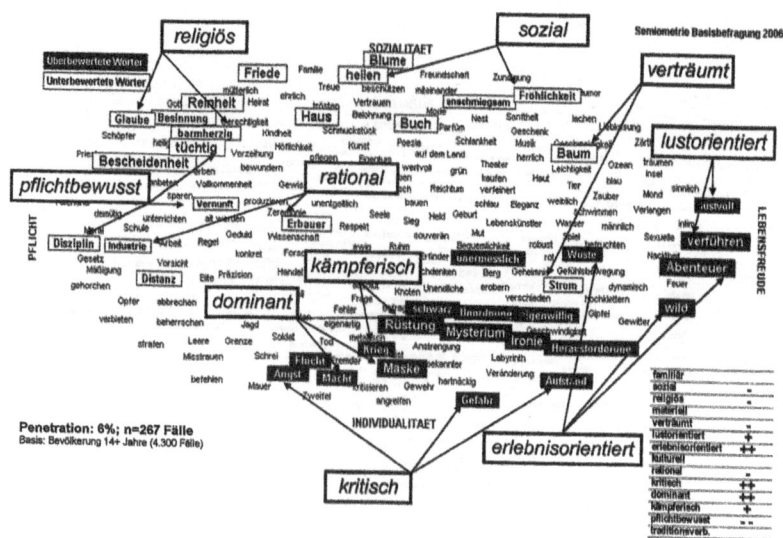

Abb. 2.3 Beck's Stammkunden. (Petras und Bazil 2008, S. 105, TNS Infratest)

Tab. 2.3 Schlüsselbegriffe

Wertefeld	Begriffe
Familiär	Kindheit, Familie, Mut, Heirat, Geburt, Friede, mütterlich, alt werden, Geld, Sanftheit
Sozial	Fröhlichkeit, ehrlich, heilen, Treue, miteinander, Vertrauen, Zuneigung, beschützen, lachen, Freundschaft
Religiös	Gott, Glaube, heilig, Priester, Schöpfer, anbeten, Seele, barmherzig, ewig, bewundern
Materiell	Reichtum, Gold, Geld, Eigentum, Schmuckstück, kaufen, Eleganz, Mode, wertvoll, Ruhm
Verträumt	Ozean, Insel, Wasser, schwimmen, Mond, Strom, Tier, Spiel, Baum, träumen
Lustorientiert	Intim, Sexuelles, verführen, Nacktheit, lustvoll, Verlangen, Zärtlichkeit, männlich, sinnlich, Liebkosung
Erlebnisorientiert	Hochklettern, Gipfel, Berg, Wüste, Anstrengung, Feuer, Geschwindigkeit, Abenteuer, wild, Gewitter
Kulturell	Kunst, Theater, Poesie, Buch, Zeremonie, Musik, Leichtigkeit, Lebenskünstler, souverän, nachdenken
Rational	Forscher, Erfinder, Wissenschaft, Industrie, Handel, Erbauer, produzieren, Logik, konkret, Präzision
Kritisch	Misstrauen, Zweifel, Fehler, Angst, Leere, Gefahr, Aufstand, Schrei, kritisieren, hartnäckig
Dominant	Beherrschen, befehlen, Macht, strafen, verbieten, List, gehorchen, Maske, erobern, eigenwillig
Kämpferisch	Soldat, Gewehr, Krieg, Rüstung, Jagd, angreifen, Mauer, Elite, Sieg, metallisch
Pflichtbewusst	Schule, sparen, schreiben, unterrichten, Disziplin, tüchtig, Arbeit, Gesetz, Regel, Vernunft
Traditionsverbunden	Vaterland, Tradition, Ehre, Moral, Gerechtigkeit, Vorsicht, Reinheit, Standhaftigkeit, Vollkommenheit, Respekt

Wenn Sie meinen, dass Ihr Publikum eher familiär und sozial eingestellt ist, benutzen Sie die entsprechenden Begriffe in einem positiven Kontext.

Hier ein Beispiel: Beck's Zielgruppen sind weniger „sozial", „religiös" und „verträumt" und mehr „erlebnisorientiert", „kritisch", „dominant" und „lustorientiert". Gemäß diesen Wertekategorien kann man den folgenden ersten Text in den zweiten verbessern.

Ursprünglicher Text

Beck's ist in über 120 Ländern der Welt ein unverwechselbares Symbol für puren Pilsgeschmack – grenzenlos frisch. Grundsteine dieser Erfolgsstory sind neben moderner Technik und perfekter Logistik vor allem die beständige traditionelle Brauweise nach dem Deutschen Reinheitsgebot. Diese Philosophie hat Beck's zur führenden deutschen Exportmarke wachsen lassen und die grüne Flasche als Synonym für Premium Pilsener made in Germany etabliert.

Neuer Text

In über 120 Ländern der Welt steht Beck's für unverwechselbaren Pilsgeschmack – grenzenlos frisch und verführerisch würzig. Das Geheimnis dieser Erfolgsstory ist die besondere Brauart, die Hopfen, Malz und Wasser zum Premium Pilsener vereint. So ist Beck's zur führenden Exportmarke aufgestiegen und die grüne Flasche zum Symbol für Premium Pilsener.

Es gibt fünf Wege, wie Sie semiodialogisch vorgehen können:
1. *Gebrauchen*
Sie verwenden einfach die Basisbegriffe: „erobern" (dominant), „Ozean" (verträumt), „Tradition" (traditionsverbunden) usw.: Der einfache Gebrauch kann durch Wiederholung in seiner Wirkung gesteigert werden. So steigt die Wahrscheinlichkeit, dass die vom Begriff ausgelösten Assoziationen sich stärker im Bewusstsein der Öffentlichkeit einprägen. So hat z. B. Johannes Rau in seinen zehn großen Reden zwischen Juni 1985 (Regierungserklärung als NRW-Ministerpräsident)

und Ende August 1986 (Rede beim Nürnberger SPD-Parteitag zur Eröffnung des Hauptwahlkampfes zur Bundestagswahl am 25.01.1987) 249 mal das Wort „Mensch" verwendet, gefolgt von: (Bundes-/Länder-)Regierung (182), Politik (144), Arbeit (83) und Bürger/innen (76). Der häufige Gebrauch des Wortes „Mensch" war nicht zufällig. Sein Ziel war es, mit diesem Wort Assoziationen bei den Zuhörern hervorzurufen, die sein Erscheinungsbild als „menschlichen" Politiker prägen sollten. Sein Slogan „Versöhnen statt spalten" fügt sich mühelos in diesen Kontext ein.

– Dominant:
„Sende- und Empfangsgeräte, Speichermedien, Übertragungskapazitäten – Nachrichtensatelliten! – Digitalisierung, elektronische Hard- und Software haben in den vergangenen 20 Jahren die Welt erobert."
– Verträumt:
„Mir geht es nicht um Medienpolitik in engerem Sinne, sondern um die Auswirkungen der Medienflut und des Ozeans an Kommunikationen auf unser Leben, unsere Arbeit, auf das Unternehmer-Sein."
– Traditionsverbunden:
„Durch die traditionelle Braumethode und die besonders kalte Lagerung entsteht der typische, frisch-würzige Geschmack."

2. *Ersetzen*
Sie ersetzen die Basisbegriffe durch sinnverwandte Begriffe: „gemeinsam" statt „miteinander" (sozial), „Kenntnisse vermitteln" statt „unterrichten" (pflichtbewusst), „Genauigkeit" statt „Präzision" (rational):
– Sozial:
„Wir bauen gemeinsam eine neue Welt."
– Pflichtbewusst:
„Wenn es darum geht, Kenntnisse zu vermitteln, ist Roberta die richtige Person."
– Rational:
„Er arbeitet genau und sorgfältig. Deshalb hat seine Kalkulation Hand und Fuß."

3. *Entgegensetzen*
Sie verwenden Antonyme – in einem negativen Kontext. Anders angewendet verneinen Sie die Verneinung: „Nicht-Chaos" für „Präzision" (rational), „Nicht-Nachahmer" für „Erfinder" (rational), „Nicht-Krieg" für „Frieden" (familiär).

- Rational:
  „Es ist schlimm, auf eine so chaotische und schlampige Weise zu handeln." („Präzision")
- Rational:
  „Wir brauchen keine Mitarbeiter, die ideenarm sind und immer andere kopieren." („Erfinder")
- Familiär:
  „Wir haben gegen Krieg protestiert." („Friede")

4. *Umschreiben*
Sie verwenden die denotative, inhaltliche, also nicht emotionale bzw. konnotative Bedeutung eines Basisbegriffes an dessen Stelle: „von Freude erfüllt" für „fröhlich" (sozial), „Angehöriger der Streitkräfte" für „Soldat" (kämpferisch), „stark ausgeprägter Wunsch" für „Verlangen" (lustorientiert).

- Sozial:
  „Von Freude erfüllt verkündete er das beste Ergebnis des Unternehmens in den letzten zehn Jahren."
- Kämpferisch:
  „Als Angehöriger der Streitkräfte muss er Gewehr bei Fuß stehen, wenn sein Chef ihn anruft."
- Lustorientiert:
  „Sein ausgeprägter Wunsch nach immer höherem Gewinn beschleunigt alle Arbeitsprozesse im Unternehmen."

5. *Ableiten*
Sie leiten aus den Wertefeldern Verhaltensweisen ab, die den Werten entsprechen: „Ursache" für das Wertefeld „rational", „Karriere" für das Wertefeld „kämpferisch", „Nervenkitzel" für das Wertefeld „erlebnisorientiert".

- Rational:
  „Die Ursache für diese Entwicklung ist der Siegeszug der Informationstechnologie." („Ursache" ist deshalb dem Wertefeld „rational" zuzuordnen, weil „Forscher", „Wissenschaft", „Logik" ein Denken in Ursache-Wirkung-Kategorien nahelegen.)
- Kämpferisch:
  „Heute sprechen wir von der ‚Informationsgesellschaft'. Wie kam es zu dieser Karriere eines recht abstrakten Begriffs?" („Karriere" ist deshalb eine kämpferische Wertehaltung, weil das Wort Assoziationen wie „kämpfen", „angreifen", „sich durchsetzen" und „Sieg" auslöst.)
- Erlebnisorientiert:
  „Er mag Nervenkitzel und Spannung, und deshalb investiert er gerade in Unternehmen, von denen er kaum etwas weiß." („Nervenkitzel" verweist hier auf eine risikobereite Person, die gegenüber „Abenteuern" und „Erlebnissen" aufgeschlossen ist.)

2.3.14 Raus aus dem Trott

Wenn Sie oft und lange über dieselben Themen sprechen und schreiben, befinden Sie sich in einem Hamsterrad. Die Routine, sonst vorteilhaft, schlägt sich ins Gegenteil um und stumpft Ihre Sinne ab. Aus einst frischen Aussagen werden Geplärre und Geleier – inhaltlich und sprachlich. Abgestumpfte Sinne eigenen sich kaum dazu, die Aufmerksamkeit des Publikums anzustacheln. Deshalb müssen Sie raus aus dem Trott. Und wie? Indem Sie Ihre Sprachwelt verlassen und sich in andere Sprachsphären begeben, in denen wenig bis nichts von Ihren sprachlichen Wendungen und Figuren vorkommen. Lesen Sie Bücher oder Artikel aus völlig anderen Wissensbereichen – Komik, Lyrik, Kunst, Mode, Science Fiction. So gewinnen Sie Abstand zu ihren wirtschaftlichen oder politischen Sprachflausen und merken, was frisch ist und was faul. Hauptsache Sie schaffen einen sprachlichen Bruch und versuchen, fremd anmutende Wörter in Ihren Berufsalltag einzuschmuggeln. Natürlich werden Sie in der Sprache von Rainer Maria Rilke keine Rede auf der Hauptversammlung Ihres Unternehmens halten können, doch wird diese geistige Übung Sie auf neue und frische sprachliche Pfade bringen. Und genau das allein ist das Ziel dieser Verfremdungsübung.

> **Crowd-Ghostwriting – eine neue Methode**
>
> Crowd-Writing oder Crowd-Ghostwriting ist die Nachbildung von bekannten Konzepten, wie Crowd-Funding und Crowd-Innovation. Die Masse ist beteiligt – bei Investitionen und Innovationen bzw. Problemlösungen. Die Idee dazu ist mir gekommen, als ich eine Redevorlage für den Vorstand eines großen und namhaften mittelständischen Unternehmens vorzubereiten hatte. An sich nichts Außergewöhnliches, wenn nur diese neue, mir unbekannte und besondere Auftragslage nicht gewesen wäre.
> Der Redetext, bestimmt für eine Live-Videoschaltung, war nicht für eine Person bestimmt, für die Vorstandsvorsitzende, sondern für alle fünf Mitglieder des Vorstandes: Ein Redetext für fünf Personen! So etwas hatte ich bisher nicht. Für jedes Vorstandsmitglied sollte ich zwei Absätze formulieren, die ihren Bereich abdeckten. Also zehn Absätze und für den Einstieg und Ausklang je einen Absatz, die die Vorstandesvorsitzende vortragen sollte. Es war wichtig, auch die Übergänge so fließend zu gestalten, dass ein Vorstandsmitglied, nachdem es seine beiden Absätze vorgetragen hatte, den „Ball" dem nächsten zuwirft, bis alle durch sind und der Ball wieder bei der Vorstandsvorsitzenden landet, die den Auftritt des Vorstandes mit motivierenden Sätzen für die Belegschaft beenden sollte.
> Nach diesem Auftrag habe ich mir gedacht: „Wenn eine Person für fünf Personen schreiben kann, warum nicht umgekehrt mehrere Personen für einen Redner?" So ist die Idee von „Crowd-Ghostwriting" entstanden: Viele basteln an einer Rede – vorausgesetzt der Redner bzw. der Auftraggeber ist mit diesem Verfahren einverstanden. Die Handhabung ist elastisch. Man kann z. B. die eigenen Mitarbeiterinnen und Mitarbeiter bitten, je einen Satz oder einen Kurzabsatz zu einem bestimmten Thema zu formulieren – nicht als Frage oder Bitte oder Empfehlung an den CEO, sondern als ob sie selber CEO wären und die Rede halten müssten. Man könnte sogar die Putzkräfte im Unternehmen bitten, ihren Beitrag dazu zu leisten. Anschließend werden diese Sätze nach Stichworten geordnet und je nach Bedarf in Reden eingesetzt. Im Vorfeld müsste man allerdings den Beteiligten mitteilen, dass nicht alle ihre Sätze übernommen werden können und vor allem nicht alle auf einmal in einer Rede. Und natürlich ist die Teilnahme freiwillig und anonym. Welche Vorteile hat dieser Ansatz? Erstens beteiligen sich die Betroffenen, hier die Mitarbeiterinnen und Mitarbeiter; zweitens fließt deren Erfahrungswissen in diese Sätze hinein; drittens wirkt so eine Maßnahme motivierend auf die Mitarbeiterinnen und Mitarbeiter; viertens erkennen die Verantwortlichen, was die Menschen bewegt, weil sie Teil der Gesellschaft sind, in der das

Unternehmen agiert. So hört man mittelbar in die Gesellschaft hinein wie die PR-Verantwortlichen, die nicht nur der Mund des Unternehmens nach außen sind, sondern das Ohr des Unternehmens nach innen. D. h. sie hören in die Gesellschaft hinein und tragen das Gehörte in das Unternehmen, wie sie auch die unternehmerischen Anliegen nach außen in die Gesellschaft tragen. Schließlich ist der nächste Vorteil die Spiegelung. Wenn Mitarbeiter als Teil der Gesellschaft freimütig Sätze formulieren und ihre Gedanken niederschreiben, so sind diese denen der Menschen „auf der Straße" ähnlich. Und wenn der CEO diese Sätze in seine Rede einflicht, spiegelt er das Publikum, das sich in der Rede wiedererkennt. Das steigert zusätzlich die Überzeugungskraft des Redners.

Des Weiteren können diese Sätze auch später mehrfach verwendet werden – man hat sich halt mit Sätzen bevorratet. Mails, Facebook-Einträge und Tweets sind geeignete Medien dazu. Gerade die letzteren lassen eine neue Aphorismenkultur entstehen, die hilfreich sein kann. Den Menschen das zurückerzählen, was sie uns erzählen. Ein probates Mittel auch in Wahlkämpfen! Deshalb dürfen Bürgerbriefe oder Bürgermails nicht nur sachlich beantwortet werden, sondern sollten die Geschichten, die die Bürger in ihnen erzählen, gesammelt und nach Themen geordnet in Wahlkämpfen den Bürgern zurückerzählt werden.

Zusammenfassend besteht Crowd-Ghostwriting aus folgenden Schritten:

1. Idee mit dem CEO klären
2. Themen bestimmen
3. Teilnehmerkreis festlegen
4. Mail usw. an den Teilnehmerkreis versenden und ihm Sinn und Zweck dieser Methode erklären
5. Fristen setzen
6. Eingegangene Antworten nach Themen sammeln
7. Antworten auswerten und nach Brauchbarkeit ordnen
8. Sätze nach und nach in Reden einsetzen
9. Ungenutzte Sätze archivieren
10. Resonanz sammeln

2.4 Gedächtnisübung

„Ars memoriae" oder „Gedächtnisübung" heißt: Sie prägen sich den Redetext ein, um die Rede frei zu halten, wohl wissend, wie wirksam die freie Rede ist. Gedächtnisübung bedeutet aber kein „Auswendiglernen", denn dieses wiederum behindert den Fluss freier Rede.

2.4.1 Ist das Gedächtnis ein leeres Fass?

„Gedächtnis ist die Schatzkammer der Beredsamkeit" heißt es bei Quintilian (Institutio Oratoria XI2, II). Dieser Satz gilt heute genauso wie zu Zeiten des römischen Rhetors, auch wenn das Memorieren aus der Mode gekommen ist. Das Gedächtnis ist erstens eine Schatzkammer, weil dort Gedanken sich verbinden, und zweitens, weil ein behändes und treues Gedächtnis die beste Voraussetzung für die freie Rede ist, die an Wirkung und Gefälligkeit abgelesene Reden weit überstrahlt. Aber Gedächtnis ist die Schatzkammer der Beredsamkeit auch deshalb, weil Redner letztlich auf das Gedächtnis des Publikums zielen: Das Publikum muss das im Gedächtnis behalten, was der Redner sagt. Die Frage, inwiefern das Bewusste oder Unbewusste oder Unterbewusste greift, damit Menschen überzeugt werden, ihre Meinungen und Verhaltensweisen ändern, ist zunächst zweitrangig. Vorrangig ist die Einsicht, dass „Aufmerksamkeit", „auffallen", „Witz" nur Wege sind, das Gedächtnis des Publikums schnurstracks zu erreichen.

Schon Platon hatte gewittert, dass die Erfindung der Schrift das Gedächtnis eher schwächen als stützen würde. Zu Unrecht ist in der Moderne das Auswendiglernen in Misskredit geraten. Auswendiglernen ist ein Nachvollzug, eine Wiederholung mit einer starken erzieherischen Wirkung, und wenn es sich um gelungene Texte handelt, ist der Gewinn einer freien Rede unermesslich höher, als wenn man sie nur abläse. Aber abgesehen von dieser eher pädagogischen Sicht gereicht das gestärkte Gedächtnis auch zum praktischen Nutzen. Der Reichspräsident von Hindenburg, der immer vom Blatt ablas, beendete einmal seine Rede mit dem Satz: *„Unser geliebtes deutsches Vaterland, es lebe hoch – hoch"* die Seite war zu Ende, der Applaus setzte ein, und er blättert um und las das dritte *„hoch"*. Die Geschäftsordnung des Deutschen Bundestages sieht nicht zufällig vor, dass die Abgeordneten ihre Gedanken in freier Rede vorzutragen haben. Dieser Punkt sollte nicht nur für Parlamentarier gelten, sondern auch für alle, die gute Reden halten wollen.

2.4.2 Denken Sie im Sprechen

Den Redetext auswendig zu lernen, ergibt wenig Sinn. Erstens ist dies sehr zeitaufwendig, zweitens sieht man als Redner im Saal nicht mehr das Publikum, sondern den Redetext im Kopf vor dem geistigen Auge und drittens ist die Gefahr groß, dass bei geringen Aussetzern der rote Faden reißt. Neben einem guten Stichworttext ist das Sprechdenken jene Fähigkeit, die Sie zur Fertigkeit ausbilden sollten. Sprechdenken heißt denken, während man spricht, und sprechen, während man denkt. Das Stichwort gibt den Impuls zum Sprechen und während man spricht, muss man den nächsten Gedankenimpuls aufnehmen.

Eine gute Übung dazu ist es, vier bis fünf Sätze aus einem Zeitungsartikel zu lesen und den Inhalt einmal wortgetreu und einmal mit eigenen Worten wiederzugeben. Selbstverständlich können Sie statt eines Zeitungsartikels auch irgendeinen guten Redetext oder die ersten Absätze eines guten klassischen Romans nehmen. Eine andere schöne Übung verbunden mit Freude und Kurzweile ist die Bildung einer Toastgruppe. Es reichen schon drei bis vier Personen. Jede bekommt ein ernstes oder spaßiges Thema und muss dazu eine kurze Rede aus dem Stegreif halten. Diese Übung bildet das Sprechdenken aus und nimmt einem die Hemmung vor Auftritten.

2.4.3 Das Gedächtnis ist eine Landkarte

Freie Reden wirken stärker als abgelesene Reden. Aber frei zu reden heißt nicht, das zu sagen, was einem gerade einfällt. Denn die Gefahr, viel länger zu reden als nötig, viel chaotischer zu reden als zulässig, und dann auf die Uhr zu schauen und viel Wichtiges im Galopp zu behandeln, ist überaus groß. Daher memorieren Sie die Struktur und die Grundgedanken ihrer Rede. Dies fällt Ihnen leichter, wenn Sie Ihre Blaue Rede auswendig kennen, wenn Sie unter der Dusche oder beim Spaziergang Ihre Rede vorbereiten.

Motorisch veranlagte Menschen, wie Goethe oder Napoleon, mussten sich bewegen, um Ideen hervorzutreiben oder Dinge zu lernen. Andere sind eher akustisch oder visuell eingerichtet, weshalb laut lesend oder zeichnend zu arbeiten das Lernen unterstützen kann.

Die antike *ars memoriae* oder Gedächtniskunst empfahl den Rednern, die Inhalte ihrer Rede mit Orten zu verbinden und sie dort abzulegen, um sie beim Auftritt durchschreitend wieder aufzusammeln. Sie halten zum Beispiel eine Rede zum Thema „Ideenwettbewerb in Schulen". Gehen Sie mental die Straße entlang, in der Sie wohnen. Der Großmarkt in Ihrer Straße könnte für „viele Ideen" stehen, die Mündung der Straße, aus der Jogger herauskommen, für den „Wettbewerb von Ideen", das nächste Bankgebäude für „Sponsoren", die die Schule für einen solchen Wettbewerb gewinnen soll usw. Während Ihrer Rede laufen Sie in der Einbildung Ihre Straße entlang und sammeln Sie die Gedanken dort auf, wo Sie sie abgelegt haben – „Ideen" am Großmarkt, „Wettbewerb" an der Straßenmündung, „Sponsoren" am Bankgebäude usw. So haben Sie mental einen Lauf und real einen Redeauftritt.

So oder ähnlich bauen Sie ein Gerüst in Ihrem Kopf auf, um einerseits die wichtigen Gelenke Ihrer Rede nicht zu vergessen und andererseits den Freiraum zu haben, um frei formulieren zu können. Gute Stichwortzettel werden Ihnen dabei helfen.

2.4.4 Typoskripte sind Übungssache

Wer Reden hält oder schreibt, legt sich die Frage vor: Was will ich sagen? Die Antwort darauf heißt: Formulieren Sie eine Botschaft. Sie soll in den Köpfen und Herzen des Publikums Anker legen. Darüber hinaus sollten Redner wissen, welche Themen sie ansprechen, welche Argumente sie vorbringen und welche Gegenargumente sie entkräften. Aber genauso wichtig ist es zu wissen, worüber Sie oder Redenschreiber nicht sprechen oder schreiben und was Sie übergehen sollten. Redenschreibern fällt es leichter, diese Entscheidungen zu treffen und sich daran zu halten. Denn sie bereiten Reden vor, haben Zeit – wenn auch nicht immer ausreichend – sich Gedanken zu machen, sie aufzuschreiben oder zu streichen. Schwerer ist es für die Redner, vor allem für jene, die frei sprechen. Denn hier löst sich die Zunge, regt sich die Einbildungskraft und der Redefluss spült Themen in die Ohren des Publikums, die sich hinterher als unangemessen oder widersprüchlich ausnehmen könnten. Gelöste Zungen bremsen oft die Wirkung von Reden. Dabei muss es sich nicht unbedingt um Geheimnisse oder tiefschürfende Inhalte handeln. Es reichen harmlose Plaudereien oder nett gemeinte Abschweifungen auf benachbarte Sachgebiete aus, um die Aufmerksamkeit des Publikums zu strapazieren und den roten Faden aufzudröseln.

Freie Rede ist keine spontane Rede. Auch sie muss geplant sein und Wegmarken enthalten. Deshalb erfordert sie von Rednern innere Disziplin, die den vorab festgelegten Weg dem Redner vor Augen hält, damit er in der Spur bleibt und den Strom von Einfällen eindämmt. Aus der Spur geraten leicht Redner, die bei längeren Reden die Mischform von freier Rede und abgelesener Rede umsetzen, d. h. sie halten ihre Rede teils frei, teils lesen sie Passagen aus dem Typoskript ab. Die Gefahr, die hier lauert, besteht darin, dass die Redner, nachdem sie in ihrem freien Redefluss einen Abschlusspunkt erreicht haben, im Typoskript blättern, Passagen entdecken und ablesen, die den Schwung der Rede und den gedanklichen Bogen, den sie in freier Formulierung geschlagen hatten, abbremsen oder brechen. Denn diese Zusätze, zufällig im Text entdeckt, passen nicht mehr zum Gang der Rede. Daher gehört neben Disziplin auch viel Mut dazu, das Typoskript rechtzeitig ignorieren und Punkte, die vielleicht wichtig wären, einfach übergehen zu können. Das Redeskript und die freie Rede dürfen sich nicht ins Wort fallen – nur, weil das Skript noch diesen netten Gedanken oder jenes erhellende Beispiel enthält. Wie so oft gilt auch hier der Satz: Weniger ist mehr. Damit solche Reibungsverluste nicht entstehen und die Wirkung von Reden schmälern, muss der Redner in der Vorbereitung klar wissen: Erstens, was er unbedingt sagen will, also welche Ideen, welche Argumente, welche Beispiele; zweitens, was er nicht sagen darf; drittens, wie er bei längeren Reden mit dem Typoskript umgehen soll. Stichwortzettel sind besser als ausformulierte Reden, doch wollen viele Auftraggeber die letztere Version. Deshalb ist es ratsam, die grobe Struktur – in der Regel bestehend aus Problem, Erklärung und Lösung – so zu kennzeichnen, dass Redner sich im Typoskript leichter orientieren können. Und Orientierung heißt: Die abzulesenden Redeteile sollen sich dem Gang der freien Rede fügen und die freie Rede soll den festgelegten Wegmarken in der Vorbereitung folgen.

Sicher haben Sie schon Ihre Vorstellungen von einem Typoskript. Vielleicht bevorzugen Sie einen Stichwortzettel oder einen vollständigen

Text, um daraus selber einen Stichpunktzettel anzufertigen. Stichwortkonzept ist der Grundakkord, die Melodie dazu die freie Rede.

Sie haben als Redner einige Möglichkeiten, das Typoskript zu gestalten: Sie können zweizeilig schreiben, die Schriftgröße 16 Punkt wählen, an einem Rand genügend Platz für Randnotizen lassen o. Ä. Jeder soll den Text äußerlich so gestalten, wie er es für handlich hält.

Sinnvoll ist es, DIN-A5-Karteikarten für Stichwortzettel zu verwenden und keine A4-Bögen. Aber das Wichtige ist die Weise, wie Sie Ihre Stichworte dort aufschreiben. Auch hier steht es jedem frei, nach eigenen Wünschen das Redeskript zu gestalten. Eine selten angewandte Methode ist es, den Text treppenförmig zu schreiben. Der kurze und schräg verlaufende Blick bei dieser Form nimmt mehr Informationen auf, als der waagerechte lesende Blick. Als Redenschreiber besprechen Sie es mit Ihrem Auftraggeber, ob er damit klar kommt oder nicht. Es gibt CEOs, die auf Stichwortzettel verzichten, dafür aber auf jeder A5-Karteikarte einen ausgeschriebenen Satz Ihrer Rede schreiben lassen! Kein Wunder, wenn es dem Publikum beim Anblick dieser Karteiberge unbehaglich wird.

Jeder Satz, treppenförmig geschrieben, besteht aus einem Zeitwort im Infinitiv und aus Substantiven oder Adjektiven, die den Kern des Satzes ausdrücken. Mit speziellen Zeichen können Sie den Sinn des Satzes präzisieren und versinnbildlichen: „dafür" ($\mapsto$), „dagegen" ($\leftrightarrow$), „mehr als" ($>$) oder „weniger als" ($<$), dasselbe ($=$), nicht dasselbe ($\neq$) oder ähnlich ($\simeq$) usw. Sie sind frei, andere Zeichen zu benutzen und neue zu erfinden. Wichtig ist nur, dass Sie diese Zeichen einheitlich verwenden, um nicht durcheinander zu geraten (s. Abb. 2.4).

Nehmen wir folgenden Absatz:

> Jetzt geht es um Stichwortzettel. Immer wenn Sie einen Stichwortzettel schreiben, dann schreiben Sie den in Form einer Treppe. Wenn Sie nämlich die Treppenform verwenden, dann brauchen Sie nur einen kurzen Blick, um die ganze Information zu erkennen. Schreiben Sie bitte nicht auf einer Linie. Sonst werden Sie zum Ablesen verleitet. Das soll nicht sein (Kuhlmann 1999, S. 129, s. Abb. 2.5).

Das ist aber nur eine Anregung. Feste Regeln gibt es nicht.

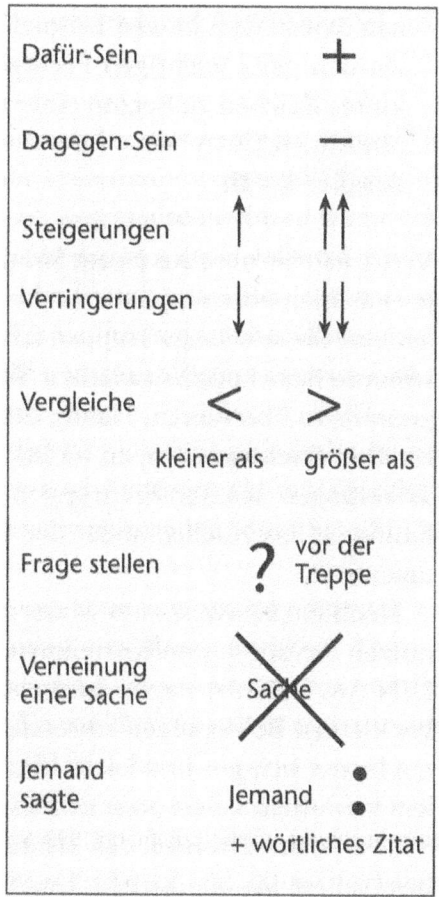

Abb. 2.4 Mögliche Zeichen und ihre Bedeutungen. (Kuhlmann 1999, S. 131)

2.5 Auftritt

Über Auftritte gibt es viele nützliche Bücher. Nachfolgend habe ich nur einige Punkte aufgelistet, die an sich selbstverständlich sind, aber immer wieder vergessen werden. Der Auftritt ist die eigentliche Rede. Nicht der Redetext, sondern die Rede ist der Held. Denn die Publika urteilen über Reden und Redner, nicht über Redetexte. „Der Redetext war gut,

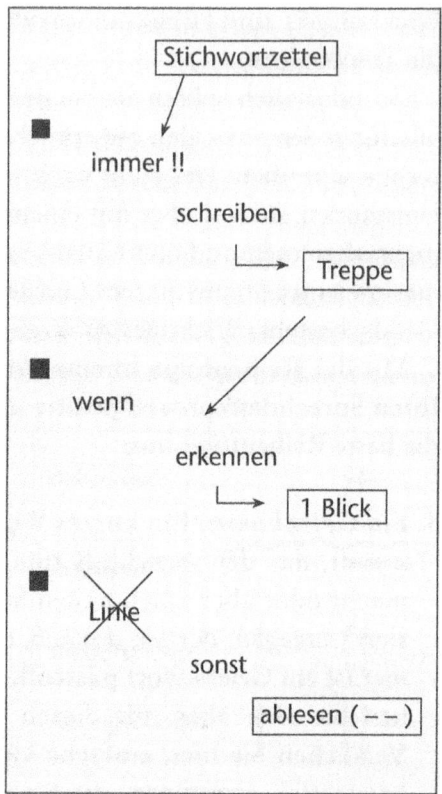

Abb. 2.5 Beispiel eines Stichwortzettels. (Kuhlmann 1999, S. 129)

aber der Redner…" oder „Die Rede war gut, aber dieser Redetext…" sind Urteile, die niemand fällt. Die Rede, wie und mit wessen Hilfe sie auch entstanden sein mag, ist die Rede des Redners, nicht des Redenschreibers, und sein Auftritt entscheidet über deren Gelingen oder Misslingen.

2.5.1 Sie reden mit mehreren Zungen – zur Erinnerung!

Schulz von Thun (2001) hat uns ein brauchbares Modell an die Hand gegeben, das uns erklärt, auf welchen Ebenen wir unausgesetzt kommunizieren – auch in der Rede. Plastisch ausgedrückt reden wir mit vier Zungen und das Publikum hört mit vier Ohren:

Erstens vermitteln wir Zahlen, Daten und Fakten – kurzum Informationen. Zweitens bauen wir eine Beziehung zum Publikum auf, deren beide Pole „Sympathie" und „Antipathie" heißen. Drittens offenbaren wir uns selbst – gewollt oder ungewollt –, sodass das Publikum sofort einschätzen kann, ob der Redner schüchtern ist, offen, gebildet, Schleimer, freundlich, introvertiert usw. Viertens senden wir Appelle aus, d. h. wir wollen, dass das Publikum sich so oder so verhält, über einen Sachverhalt so oder so denkt. Das heißt nicht, dass wir immer einen direkten Appell an das Publikum richteten. Der Appellcharakter unserer Aussage zeigt sich auch mittelbar: Der Satz *„Hier ist heiß"* sendet z. B. den Appell: *„Machen Sie das Fenster auf!"* oder *„Die Heizung ist kaputt"* hieße *„Reparieren Sie sie!"*. Gute Kommunikatoren wissen, dass das Publikum deutet, was es hört und sieht, und deshalb versuchen sie mit Begleitäußerungen oder Zeichen den Deutungsrahmen zu verengen, um die Gefahr von Missverständnissen so gering wie möglich zu halten. Rhetorik ist ein Risikogeschäft.

Dieses Modell vierlagiger Kommunikation will mit „Zunge" nicht bloß die Sprache versinnbildlichen, sondern die ganze Person einschließlich der Stimme und der Körpersprache und– ich füge hinzu – der Dramaturgie und der Inszenierung. Darüber später mehr.

2.5.2 Was macht die Wirkung einer Rede aus?

In der Studie „Welchen Anteil haben Text, Erscheinungsbild des Redners, Betonung und Gestik an der Gesamtwirkung eines Vortrags?" für den *Verband der Redenschreiber deutscher Sprache* und die *Deutsche Public Relations Gesellschaft* aus dem Jahre 2007 kommen das *Institut für Demoskopie Allensbach* und das *Institut für Publizistik der Universität Mainz* zum Ergebnis: Rund ein Fünftel der Gesamtwirkung einer Rede, also 22 %, geht auf den Text zurück. Körpersprache und Erscheinungsbild des Redners machen 59 % aus und die Stimme schlägt mit 19 % zu Buche (VRdS/DPRG-Studie 2007). Doch freue sich nicht zu früh, wer aufgrund dieser Zahlen die Bedeutung des Textes unterschätzt und die der Körpersprache überschätzt, denn – und das ist eine weitere Erkenntnis dieser Studie – die rechnerische Summe der Einzeleffekte fällt nicht mit dem tatsächlichen Gesamteffekt zusammen. Man versuche mit Körpersprache und Stimme zu „reden"! Nur mit ihnen. Die Summe von Lauten und Bewegungen wird keine „Rede" ergeben; es ist erst die Sprache, welche die anderen Wirkungsgrößen zur Geltung verhilft. Anders gewendet: Der Text lässt den anderen den Vortritt und den Vorsprung. Aber diesen verdanken die anderen nur dem Text. In der Gesamtwirkung allerdings haben Körpersprache und Stimme die Nase tatsächlich ganz vorn. Eben ungleiche Stiefgeschwister!

Dieses Verhältnis möge für klassische Redesituationen gelten, in denen ein Redner in einem Saal zu einem Publikum spricht. Aber wie ist es bei Übertragungen und insbesondere im Web? Bleibt das Verhältnis gleich oder verschieben sich die Gewichte? Welcher der Stiefgeschwister ist nun der Gewinner in dieser neuen Galaxie, die man „Turing-Galaxie" nennt und welche nicht mehr das Buch, wie die „Gutenberg-Galaxie", sondern den Computer zum Leitmedium erhoben hat? Eine Untersuchung über die Redewirkung im Internet ist mir nicht bekannt. Ich meine, dass dieses Verhältnis in der virtuellen Welt nicht wesentlich anders ausfallen wird als in der realen. Endgültiges kann man noch nicht behaupten, sicher ist nur, dass das Internet und die sozialen Medien die Wahrnehmung von Reden ändern; sie ändern sie, weil der unmittelbare sinnliche Kontakt zwischen Redner und Publikum fehlt, weil das „Atmosphärische" fehlt, weil der stille und vielleicht unmerkliche Austausch – Unruhe, Heiterkeit, Ernst usw. – unter den Zuhörern im Publikum fehlt, weil der einsame User die Übertragungen beliebig unterbrechen und so die Wirkung der Rede selbst brechen kann, weil ein kleiner Bildschirm anderes vermittelt als ein wesentlich größerer und wieder anderes als die knisternde Atmosphäre eines Saales, in dem man atmet und fremden Atem spürt. Man bedenke allein, wie Witze in unterschiedlich großen Räumen vor unterschiedlich großen Publika unterschiedlich „ankommen". In einem kleinen Raum lachen wir über einen Witz, in einem großen lässt uns derselbe Witz kalt. Der Austausch in den sozialen Medien beeinflusst die Wahrnehmung von Reden. Man könnte von einer „kommunikativen Wahrnehmung" sprechen, die allmählich durch den Austausch und im Austausch entsteht – viel stärker als nach einer realen Rede – und für die Netzgemeinde zu einer „gemeinsamen Wahrnehmung" wird – und das alles ohne den Einfluss des Redners. Der schwierige Zugang zum virtuellen Publikum birgt Risiken, für die Redner ebenso wie für die Redenschreiber. Ein frühzeitiger Eingriff in diesen virtuellen „Meinungsbildungsprozess" birgt dagegen viele Chancen. Und daran erkennt man, dass die Arbeit des Redenschreibers nicht mit dem Satz „Vielen Dank für Ihre Aufmerksamkeit!" endet.

2.5.3 „Ach, ist er sympathisch!"

Diese Einschätzung geht runter wie Öl! Wir wollen – auf der Beziehungsebene, wie vorher erwähnt – immer sympathisch erscheinen. Sympathie bedeutet Zuneigung, Beliebtheit, stimmige Chemie, gleiche Wellenlänge. Sympathie verbindet, löst seelische Krämpfe, ebnet glatte Wege zum Gesprächspartner, macht aus Elefanten Mücken statt, wie bei unsympathischen, aus Mücken Elefanten. Sie treibt an, sich dem Gesprächspartner anzunähern, auf ihn einzugehen, sich ihm zu öffnen. Der spanische Jesuitenpater Balthasar Gracian schreibt in seinem weltbekannten Buch *„Handorakel oder Weltklugheit": „Mittels des Wohlwollens erlangt man eine günstige Meinung."* (Gracian 1967, Nr. 112).

Wohlwollen zu erringen ist aus guten Gründen ein bewährtes Mittel, bekannt in der antiken Rhetorik als *captatio benevolentiae* (Haschen nach Wohlwollen), um die Gunst der Zuhörer zu erwerben: Ein humorvoller Einstieg, eine persönliche Geschichte, Lob des Publikums reichen aus, um eine wohlwollende Atmosphäre zu schaffen. Die Grundregel der Sympathie oder des Wohlwollens heißt: Ähnlichkeit. Gute Reden richten sich nach den Stimmungen, Fragen, Problemen des Publikums. Sie nehmen diese ernst und vorweg, und im Vorweg versuchen sie, diese in Erfahrung zu bringen. Je homogener das Publikum, umso leichter ist es, klare Partner-Hypothesen aufzustellen, d. h. zu vermuten, wie die Menschen im Saal „ticken", worauf sie Wert legen, was sie als unwichtig erachten. Besteht das Publikum aus Arbeitnehmern, Lehrern oder Künstlern, sind Partner-Hypothesen unkompliziert. Man ahnt, wie es gestrickt ist. Ähnliches gilt für den Familien- oder

Freundeskreis. Ist aber das Publikum sehr heterogen, dann fasst man die Partner-Hypothesen allgemeiner, um alle einzubeziehen. *„Gemeinsam"*, *„Wir sitzen alle in einem Boot"* sind Wendungen und Floskeln, die Ähnlichkeit simulieren. Um gleich jedes Missverständnis abzuwehren: Mit Ähnlichkeit meine ich nicht, dem Publikum nach dem Munde zu reden, denn dies könnte als Schmeichelei und Speichelleckerei empfunden werden. Ähnlichkeit herstellen heißt, dem Publikum das Gefühl zu vermitteln, es zu verstehen, ja noch mehr, genauso wie es zu empfinden – „er ist einer von uns" – und ausgehend von dieser gemeinsamen Grundlage zu argumentieren. Nur so wird es Ihnen gelingen, das Publikum zu überzeugen. Diese Ähnlichkeit ist die Ähnlichkeit eines Frames, welcher die Argumentation stärkt und stützt.

2.5.4 Sprechen Sie nie vor einem Publikum

Gute Redner sprechen nicht vor einem Publikum, sondern zu einem Publikum. Wer vor einem Publikum spricht, kann auch in einem leeren Raum sprechen, das Publikum wäre mehr oder minder eine Luftnummer, spricht man aber zu einem Publikum, dann stellt man eine Beziehung zu ihm her und bezieht das Publikum in die Rede ein. Daher blicken Sie nicht in den Himmel, bewundern Sie nicht die Decke, so schön verziert sie auch sein mag. Schauen Sie lieber in das Publikum und tun Sie so, als ob Sie zu ihm persönlich sprechen. Und wenn es die Umstände erlauben, sprechen Sie persönlich eine oder zwei Personen namentlich an: *„... wie Sie es, lieber Herr Müller, zuletzt in ... gesagt haben ..."*. Die Vorteile liegen auf der Hand: Sie stellen eine Beziehung zum Publikum her, können dessen Reaktionen erkennen und darauf reagieren, und halten eine persönliche Rede.

2.5.5 Sammeln Sie mit dem ersten Blick

Es ist sehr banal, was ich sage, offensichtlich so banal, dass viele es immer wieder vergessen. Wenn Sie ans Pult treten, fangen Sie nicht sofort an zu sprechen. Legen Sie eine kurze Kunstpause ein, blicken Sie in das Publikum und „sammeln" Sie mit Ihrem Blick die Blicke derer, die im Saal sitzen, damit sie Ihnen aufmerksam zuhören. Erst wenn Sie spüren, dass die Spannung knistert, beginnen Sie mit Ihrer Rede.

2.5.6 Kunstpausen oder beredtes Schweigen sind heilsam

Kunstpausen steigern die Aufmerksamkeit der Zuhörer. Diese werden ganz Ohr. Setzen Sie Kunstpausen ein – am besten vor und nach wichtigen Wörtern und Sätzen. Vorher, um die Spannung zu steigern, und nachher, um das Gesagte in den Ohren der Menschen nachhallen zu lassen. Ich weiß, wie schwierig es ist, bewusst zu schweigen; solche Pausen dauern eine ganze Ewigkeit. Aber versuchen Sie es! Die Wirkung ist erstaunlich.

2.5.7 Powerpoint ist der schwache Punkt

Es ist ein Zeichen organisatorischen Könnens und weiser Voraussicht, wenn Veranstalter den Redner oder dessen Büro im Vorfeld fragen, welche technischen Hilfsmittel er benötigt. Der Beamer gehört inzwischen zur Standard-Ausstattung. Redner nutzen diese technische Errungenschaft oft und gern. Ich habe gehört, dass es sogar Organisationen geben soll, die eigens einen Mitarbeiter beschäftigen, der alle PowerPoint-Präsentationen ihrer Vorstandsmitglieder gestaltet, um die einheitliche äußere Identität der Organisation auch zeichnerisch an die Leinwand zu werfen. Zu Recht!

Nutzen Sie bitte PowerPoint selten und nur dann, wenn es wirklich notwendig ist. Als diese Technik neu war, mag sie interessant gewesen sein. Weil sie aber heute ein alter Hut geworden ist, gehen Sie zeitlich zurück oder eben vor und nutzen Sie bei Präsentationen „archaische" Mittel – Papier, Farbe, Stift, Haptisches, Befühlbares, um wieder neu zu wirken, anders. Design Thinking ist ein weiteres Stichwort. Eine Kombination beider Möglichkeiten wäre auch denkbar. Je fortgeschrittener die Technik, desto archaischer sollten die Hilfsmittel sein, weil es hier nicht ums technische Können geht, sondern um Aufmerksamkeit, es geht darum, dass Sie die Aufmerksamkeit

Ihrer Zuhörer binden. Und heute binden Sie sie eher, wenn Sie primitive Mittel verwenden als hochtechnische. So brechen Sie die Erwartungen und Sehgewohnheiten Ihrer Zuhörer und das ist der wirksamste Weg, um Aufmerksamkeit zu wecken. Dasselbe gilt für Ihre Handreichungen – seien es papierne oder elektronische. Sie sollten nicht perfekt sein! Das Unvollständige treibt die Leser an, das Fehlende selber zu ergänzen, das Täppische zu ordnen. Und das heißt: Die Zuhörer, die anfangen, Ihre unvollständigen Handreichungen zu „ergänzen" und zu „ordnen" und zu „verbessern", beginnen auch, sich mit Ihrem Vortrag und dessen Inhalt zu befassen! Was wollen Sie mehr? Das Perfekte mag Bewunderung auslösen, aber es schafft auch Distanz. Das Unvollständige dagegen, das Querbeete, Handschriftliche, Krummgestrichene, regt die Einbildungskraft an, macht das Publikum aktiv. Und genau das wollen Sie erreichen.

2.5.8 Sie sind auf dem Präsentierteller

Auf dem Podium sind Sie auf dem Präsentierteller – auch wenn Sie nicht reden. Nehmen Sie an einer Podiumsdiskussion teil und hören, nachdem Sie Ihren Kurzbeitrag beendet haben, Ihren Nachbarn zu, glauben Sie nicht, dass Sie unbeobachtet sind. Sie sprechen zwar nicht mit Ihrer Zunge, wohl aber mit Mimik und Gestik. Das heißt: Achtung! Auch da müssen Sie sich diszipliniert verhalten, um Sympathien zu gewinnen. Es ist unhöflich, wenn nicht politisch bedingt oder machtpolitisch kalkuliert, gelangweilt zu wirken, wenn Ihr Nachbar spricht; es ist auch unhöflich, innerlich abwesend zu wirken – gleich wie spannend, klug oder belanglos die Beiträge der anderen Diskussionsteilnehmer auch sein mögen. Auch wenn Sie in der Runde „nur" sitzen, senden Sie mit Ihrer dritten „Zunge" (erinnern Sie sich noch?) Botschaften und offenbaren sich selbst.

Selbstoffenbarung unterscheidet sich von Selbstdarstellung dadurch, dass die erste unbewusst geschieht und die zweite geplant ist. Der Fachbegriff dafür heißt, wie bereits erläutert, „Impression Management". Und da der Mensch sich selbst immer entgleitet und sich nie vollständig im Griff hat, teilt er dem Publikum mehr mit, als es ihm vielleicht lieb ist.

2.5.9 *Theatrum mundi* oder: Die Welt ist ein Theater

„Inszenierung" hat einen krächzenden Beiklang. Man setzt sie mit Täuschung und Lüge gleich. Natürlich können Inszenierungen täuschen, Sachverhalte anders darstellen, als sie es tatsächlich sind. Doch wohnt dem Menschen der Hang inne, im guten Licht zu erscheinen. Wozu nutzen wir denn Spiegel? Warum ziehen wir uns gut an? Inszenierung in unserem Zusammenhang bedeutet nichts anderes als geschärften Blick auf das „Drumherum" des Auftritts und flinke Hände, es zweckmäßig zu gestalten. Denn auch dieses „Drumherum" beeinflusst das Publikum – nicht nur die Rede, nicht nur der Redner. Ort, Raum, Bühne, Licht, der Abstand zwischen Bühne und erster Reihe, Raumhöhe usw. In Shakespeares „Julius Cäsar" hält Mark Anton nach der Ermordung Cäsars seine Rede gegen Brutus, gegen den Führer der Meuchelmörder, und steht direkt neben der Leiche des ermordeten Cäsar, sodass die Leiche visuell den Inhalt der Rede stützt. Schon der Ort hat eine symbolische Bedeutung, der Zeitpunkt, der Raum. Bittet ein Arzt Patienten, die unter falschen Medikamenten gelitten haben, bei einer Pressekonferenz vor Medienvertretern um Entschuldigung oder vor den Patienten selbst? Rede ich als CEO über Gender Mainstream und just in diesem Augenblick kommt eine Dame auf die Bühne, um den Vorstandsmitgliedern bestehend aus Herren, Kaffee einzugießen? Oder miete ich als Botschaft eines armen Landes ein teures Hotel, um den Jahresempfang auszurichten? Das sind Fragen, die die Inszenierung betreffen und die Gesamtwahrnehmung der Veranstaltung beeinflussen.

Ähnliches gilt für die Beleuchtung. Grelles Licht hebt den Redner hervor. Manager sitzen oft in weißem Licht, um Wahrheit und Wirklichkeit zu versinnbildlichen. Die Bühne ist mit höherer Intensität beleuchtet als der Zuschauerraum. Wer dort oben ist, sonnt sich im Glanz seiner Leistungen. Hier ist das Publikum kein gleichberechtigter Dialogpartner. Ebenso ist die Form des Pults wichtig. Der Wirkung des Sprechers zuträglich ist ein offenes Pult, denn die ganze Person als szenisches System sendet viele Zeichen der Gestik und der Haltung, und das macht den Anblick für den Zuschauer interessanter. Anders, wenn ein Sprecher hinter einem geschlossenen, fast brusthohen Pult spricht.

Bühnenbild und Dekoration beschweren mächtig die Waagschale. Der Vorstandsvorsitzende eines Stromversorgers entschied sich, seinen Vortrag vor rund 100 Aktionären nach höheren Kursverlusten möglichst positiv zu eröffnen und den Anwesenden mit einem sonnigen Lächeln zuerst einen „wunderschönen Frühlingsanfang" zu wünschen. Dies tat er von seinem Rednerpult aus und hinter einer 1,30 m hohen Blumenrabatte an einem Tag, an dem der Irakkrieg ausbrach, und die Aktionäre wahrlich andere Sorgen hatten (vgl. Biehl 2008, S. 162 f.).

Als Redner müssen Sie zwar das Bühnenbild nicht selber konzipieren, aber Sie sollten immer die Inszenierung im Blick halten, damit Text, Handlung und Atmosphäre übereinstimmen. Genauso wie Kleider Leute machen, so machen Räume Redner.

2.5.10 Achten Sie auf Reihenfolgen

Zur Inszenierung gehört die Dramaturgie. Darunter verstehe ich hier den Ablauf der Veranstaltung, der im inszenierten Raum verortet ist. Sind Sie der erste Redner oder der zweite oder der letzte? Wer spricht vor Ihnen und wer nach Ihnen? Und zu welchem Thema? Werden Sie dem Publikum vorgestellt und wenn ja, von wem und wie? Sind Informationen zu Ihrer Person in der Veranstaltungsmappe enthalten? Wenn ja, welche zusätzliche Auskunft gibt der Vorsteller dem Publikum? Und haben Sie sich Gedanken über Ihr Foto gemacht?

Bei Inszenierungen ist die Reihenfolge der Akte und Akteure entscheidend für die Gesamtwahrnehmung der Veranstaltung. Aber nicht nur hier. Reihenfolgen geben überhaupt das Maß bei Einschätzungen und Bewertungen. Wir wissen inzwischen, dass sogar die Position einer Partei oder einer Person auf dem Wahlzettel die Wahlentscheidung beeinflusst: Da wir von oben nach unten lesen, kreuzen wir das an, was oben steht (Bazil und Piwinger 2017, S. 5 ff.). Aber das berühmteste Experiment stammt vom Gestalt- und Sozialpsychologen Solomon Asch (1907–1996) aus dem Jahre 1946. Er legte einer Gruppe von Personen eine Liste von Adjektiven vor – *intelligent, geschickt, fleißig, freundlich, entschlossen, praktisch, vorsichtig* –, die einen unbekannten Menschen beschreiben. Dann bat er diese Gruppe, einen Kurzaufsatz über diesen fiktiven Menschen zu schreiben. Das Ergebnis? Die Teilnehmer dieser Gruppe waren in der Lage, aufgrund minimaler Informationen einen maximalen, hier positiven, Gesamteindruck von jenem Menschen wiederzugeben. In einem zweiten Experiment veränderte Asch geringfügig die Liste der Adjektive. Konkret ersetzte er nur das Adjektiv „freundlich" durch das Adjektiv „kalt". Alle anderen Eigenschaften behielt er bei. Und siehe da: Diese kleine Änderung hatte eine große Wirkung. Die Gruppe kam zu einer durchweg schlechteren Einschätzung des fiktiven Menschen, als dies bei der ersten Liste der Fall war (Bazil und Piwinger 2017, S. 3 ff.).

Diese Erkenntnisse zeigen zweierlei: Erstens, die Reihenfolge beeinflusst die Wahrnehmung und zweitens, in einer Reihe sind nicht alle Bestandteile gleichwertig – gibt es zentrale („freundlich" und „kalt") und randständige Wahrnehmungen (die anderen Adjektive). In Inszenierungen und Aufzählungen – von Zahlen und Daten, Informationen und Argumenten – muss man darauf achten, die Reihenfolge so zu gestalten, dass das, was für einen wichtig ist, zur zentralen und nicht randständigen Größe wird. Wie man das erreicht, zeigt das Kapitel über Aufmerksamkeit.

Bezogen auf die Dramaturgie einer Veranstaltung nimmt der erste Redner eine gute Position ein, weil ihm die Aufmerksamkeit des Publikums sicher ist; weniger glücklich ist, wer nach dem Mittagessen sprechen soll. Er muss gegen die eigene Schläfrigkeit und die des Publikums kämpfen; und Pech hat, wer als letzter in der Reihe spricht. Der Sachverhalt ändert sich bei berühmten Menschen, dessen Ruf ihnen vorauseilt. Als Keynote Speaker werden Sie so oder so als Erster und Letzter am Abend vor einem aufmerksamen Publikum sprechen. Bleibt Ihnen aber nichts anderes übrig, als einer unter mehreren zu sein oder einer, der nach dem Keynote Speaker auf die Bühne muss, dann haben Sie eine gute Chance sich auszuzeichnen, sollte Ihr Vortrag nicht gerade eine bahnbrechende Entdeckung verkünden und ein die Herzen zum Pochen bringendes Gefühl entfachen: durch eine gelungene freie Rede. Erstens, weil Sie in der frei gehaltenen Rede die Gefahr von Wiederholungen abwehren können, die bei solchen Veranstaltungen gang und gäbe ist. Zweitens stellen Sie sich auf die augenblickliche Stimmung des Publikums ein und können an den Vorredner anschließend einen neuen Akzent setzen. Gerade bei Veranstaltungen, in denen mehrere Personen auftreten, ist die freie Rede unerlässlich, zumal Sie vorab nie wissen können, worüber die anderen Reden gehalten werden und wie diese Reden beim Publikum ankommen. Im richtigen Augenblick das Richtige zu sagen, kann nur, wer den Redestoff auswendig beherrscht und frei entfalten kann.

Noch ein Hinweis: Erscheinen Sie immer pünktlich zu Ihren Auftritten! Manch einer wendet gerne die alte Regel an, später zu erscheinen, um die Spannung des Saals bis zum Siedepunkt zu steigern. Das mag bei sehr großen und namhaften Menschen der Fall sein, aber die Höflichkeit und der Respekt vor dem Publikum gebietet es, pünktlich zu erscheinen. Auch Respekt ist ein Stoff, aus dem Sympathie und Wohlwollen gestrickt sind.

2.5.11 Wenn das engmaschige Netz eine Rede fängt

Wie oben angedeutet hat sich in der Mediengesellschaft das klassische Bild der Rede und Rhetorik gewandelt. Die seligen Zeiten sind längst vorbei, in denen der Redner bei öffentlichen Auftritten nur ein Publikum vor sich hatte. Öffentliche Reden halten heißt, zu einem Publikum zu sprechen, das im selben Saal sitzt und den Redner unmittelbar sinnlich wahrnimmt, und gleichzeitig zu einem Kreis von Zuhörern, der größer ist als das Publikum und die Rede zu Hause, im Büro oder im Urlaub vermittelt durch Medien entweder in Gänze zu Gehör bekommt oder, was die meisten betrifft, nur Redeschnipsel eingestreut zwischen Anmoderation, Interview und Kommentar erhält. Es gibt sogar einen Ort, wo der Redner gar kein Publikum hat, sondern nur Zuhörer: im Deutschen Bundestag. Wer im Plenum des Hohen Hauses redet, braucht die eigene Koalition nicht zu überzeugen und die gegnerische kann er nicht überzeugen. Jedenfalls wird er Abstimmungen kaum beeinflussen können. Die sogenannten Sternstunden des Parlaments, in denen Entscheidungen dort getroffen und nicht anderswo getroffene Entscheidungen nur abgesegnet werden, sind, weil so selten, eher Sternschnuppen des Parlaments. Wozu also diese Reden? Um Fernsehzuschauer und Zeitungsleser zu überzeugen?

Ein spitzbübischer Abgeordnete hat mir geantwortet: Um die eigene Fraktion und Partei auf sich aufmerksam zu machen und Posten zu ergattern. Das Plenarpult als Sprungbrett?

Während in der klassischen Rhetorik der Orator und seine sinnliche Präsenz der Angelpunkt jeder Rede war, vernehmen wir in Medien vermittelte Reden ohne diese Präsenz und in den allermeisten Fällen nicht einmal die ganzen Reden, sondern nur einzelne Sätze aus ihnen. Mit ihrem berühmten „f…" hat die Moderatorin Evelyn Hamann in einem Loriot-Sketch (vgl. Loriot-Sendezeit Aufteilung) die äußerste Verknappung der Sprache versinnbildlicht (vgl. Bazil 2013).

Bei gesellschaftlich relevanten und gewichtigen Reden sollten wir uns allerdings von einer wohlig-traulichen Vorstellung verabschieden, davon nämlich, dass die Bürgerinnen und Bürger diese Reden von „Sehr geehrte Damen und Herren" bis „Herzlichen Dank für Ihre Aufmerksamkeit" hören und dann ihr Urteil dazu bilden. Nur die allerwenigsten machen sich die Mühe und hören sich diese Reden vollständig an. Vielmehr reimt sich die Öffentlichkeit aus Redefetzen und Zitaten, die Medien ihr vermitteln und in Kommentaren einbetten, das Ganze zusammen. Reden wirken hier nur mittelbar und leben vom gepflegten Hörensagen. Wünschenswert wäre natürlich der erste Weg, realistisch ist aber der zweite. Die sogenannten „legendären" Reden haben sich dieses Adjektiv nur deshalb zugelegt, weil einzelne Sätze, plakativ und präzise genug, in die öffentliche Wahrnehmung spitz eingedrungen sind und im kulturellen Gedächtnis der Gesellschaft abgespeichert wurden. Die ursprüngliche Voraussetzung der Rede, nämlich Redner und Publikum von Angesicht zu Angesicht, ist bei der großen Öffentlichkeit nicht gegeben. Nur wenige kommen in den Genuss, gesellschaftsrelevanten Reden auch beizuwohnen und den Redner unmittelbar zu erleben. Umso wichtiger ist die Vermittlung durch die Medien und die kundige Öffentlichkeitsarbeit der entsprechenden Institutionen. Daher brauchen auch Reden Schützenhilfe.

Körpersprache und Stimme haben ein größeres Gewicht bei Live-Reden, weniger bei indirekten, durch Medien vermittelten und gar keine bei gelesenen Reden, die in Büchern oder Webseiten erscheinen. Ähnlich verhält es sich mit dem Inhalt, ausgedrückt in Wörtern und Sätzen, der bei gelesenen am meisten ins Gewicht fällt. Daher müssen

Sie sich immer auch überlegen, wie Sie Reden ins Netz einstellen. Die grafische Darbietung und Lesbarkeit sind wichtig. Bei Erstellung von Redetexten für Redner seien Sie hörerfreundlich und fürs Netz leserfreundlich.

Früher hatten Redner nur ein Publikum vor sich, zu dem sie gesprochen und um dessen Zustimmung sie gerungen haben. Heute spricht der Redner zwar immer noch zu einem Publikum Saal, aber er richtet seine Rede gleichzeitig an einen größeren Kreis von Zuhörern, die ihn nur medial und abgekürzt wahrnehmen. Aber das genügt ihnen, um sich eine Meinung über den Redner zu bilden, eine Meinung, die hartnäckig genug ist, um lange Zeit zu überdauern. Es gibt glückliche Sätze, die für Zeitenwenden stehen, wie „Ich bin ein Berliner" (John F. Kennedy), „Wir wollen mehr Demokratie wagen" (Willi Brandt), „Ein Ruck muss durch Deutschland gehen" (Roman Herzog), aber wer weiß schon, was diese Redner in ihren „legendären" Reden sonst gesagt haben. Übrig bleiben im besten Fall einige wegweisende Merksätze und im schlimmsten werden einzelne Sätze aus ihren Kontexten herausgerissen und garniert mit Kommentaren verzerrt dargestellt. Missverständnisse sind die Folgen. Ärger ist die Nebenwirkung. So bleibt die Kommunikation weiterhin ein Risikogeschäft. In der klassischen Rhetorik war der Orator der archimedische Punkt jeder Rede, seine sinnliche Präsenz deren Angelpunkt. Heute hat sich die Lage gewandelt. Wir hören durch Medien vermittelte Reden ohne diese Präsenz und in den meisten Fällen nicht einmal ganze Reden. Natürlich wissen erfahrene Redner und Redenschreiber, wie sie sich auf Publika und Zuhörer einstellen und die Medien mit zitierfähigen Sätzen zu ihren Gunsten beeinflussen können. Sie wissen auch, dass die Wirkung einer und derselben Rede auf Publikum und Zuhörer verschieden sein kann. Im Fernsehen wirken Menschen oft anders als im Saal, im Saal anders als im Rundfunk. Redner und Redenberater versuchen diese Kluft zwischen realer Präsenz und medialer Präsentation mit Medienarbeit zu kitten und die Wirkung der Reden zu kontrollieren. Aber erfahrene Redner wissen auch, dass nichts über Angesicht-zu-Angesicht-Reden geht. Denn hier sind sie nicht nur präsent, sondern sie zeigen auch Präsenz. Sie stellen Kontakt zum Publikum her, argumentieren und werfen Pro und Contra auf die Waagschale. In Wahlkämpfen suchen Politikerinnen und Politiker den direkten Kontakt zu ihren Wählerinnen und Wählern, um mit ihnen von Angesicht zu Angesicht zu sprechen. Es ist richtig, dass der Kreis der Publika enger ist als der Kreis der Zuhörer, aber andererseits ist das Tor zum Publikum weiter als die Luke zu den Zuhörern, denn der Redner ist hier erlebbar und die Rede lebendig. Nur in solchen Reden verschränken sich unverfälscht Sachliches und Emotionales, Geschichtliches und Utopisches, Persönliches und Allgemeines. Nur solche Reden stacheln zum Handeln an, bewegen und lenken. Die klassischen Wegmarken der Rhetorik bleiben unangetastet, aber die modernen Wendepunkte müssen beachtet werden.

2.5.12 Gute Rede muss nicht rhetorisch sein

Es ist seltsam, wie oft und wie selbstverständlich wir „gute Rede" mit „rhetorischer Rede" gleichsetzen, als ob rhetorische Gebaren, seien sie sprachlicher, stimmlicher oder körpersprachlicher Art, Zeichen gelungener Reden wären. Ist es ein guter Hinweis, wenn das Publikum als erstes über einen Redner sagt: „Ein toller Redner!" oder „Ein toller Volksschauspieler!"? Weil der Redner bewusst Pausen eingelegt hat, weil er expressiv gesprochen hat, weil er rhetorische und tatsächliche Fragen so formuliert hat, dass das Publikum sie auseinander zu halten vermochte? Und heißt es in der Folge, dass Redner, die das Publikum auf diese Weise nicht bedenkt, misslungen gesprochen hätten? Ich glaube nicht. Ich glaube, es ist ein Fehler, „rhetorische Reden" mit „guten Reden" gleichzusetzen. Wie oft habe ich Redner erlebt, die ganz „normal" gesprochen haben, und wie oft, dass die Menschen, die die Rede gehört haben, sich anschließend mit deren Inhalt auseinandergesetzt haben, ohne den Redner und dessen rhetorische Künste zu loben. Natürlich kann es sein, dass eine rhetorische Rede auch noch eine gute ist, aber dazu müssen wir beide zuerst einmal auseinanderhalten.

2.5.13 Stimmen schaffen Stimmungen

Stimmen sind wie Fingerabdrücke (Bazil und Piwinger 2017, S. 8). Über deren Wirkung entscheidet die Stimmgebung, die sich als Lautstärke, Sprachtempo und Stimmhöhe bzw. -tiefe ausprägt (Tab. 2.4).

Die Lautstärke wirkt sich auf die Wahrnehmung aus und ist von den Zuhörern, vom Thema, Raum und Anlass abhängig. Deshalb gibt es auch keine optimale Lautstärke. Im Restaurant fällt sie anders aus als in einer Kirche oder im Konzertsaal. Verliebte sprechen eher leiser beim Kerzenschein (Flüsterstimme) als zwei Bekannte unter dem Neonlicht. Generell gilt jedoch: Eine kräftige, aber nicht zu laute Stimme zeugt von Vitalität und Aufgeschlossenheit, eine zu leise Stimme kann als Schüchternheit, mangelnde Bestimmtheit und Dominanz gedeutet werden. Zu leise wirkt unsicher, zu laut aggressiv. Abwehrhaltung ist die Folge. Ist dem Gesprächspartner jedoch die Situation nicht vollständig bekannt, steigt die Gefahr von Missverständnissen, wie die folgende witzige Episode eindrucksvoll belegt: *Ein junger, als Schürzenjäger in*

Tab. 2.4 Stimmwirkungen. (Quelle: Sprondel 1994, S. 65)

Stimmeigenschaften	Schlussfolgerung
– Geringe Hebung und Senkung der Lautstärke, schlaffe, ungestaltete Sprechweise	– Trägheit, Gleichgültigkeit
– Überbetonter, abgehackter Rhythmus	– Ungesteuerte Impulse
– Schwankungen des Sprechtempos	– Innere Erregung, Unausgeglichenheit, Mangel an Selbstsicherheit
– Unregelmäßiges Schwanken der Stimmstärke bei geringer Stimmfülle	– Mangel an Vitalität
– Starker Wechsel der Stimmstärke	– Gefühlsbetonte Grundhaltung
– Geringer Wechsel der Stimmstärke	– Mangel an gefühlsmäßigem Miterleben
– Brustklang der Stimme	– Selbstbehauptung
– Sorgfältige und ausgeprägte Aussprache	– Bewusste, disziplinierte Haltung
– Wenig ausgeprägte Aussprache	– Natürlichkeit, Lässigkeit

seinem Dorf bekannter Mann hat eine Kehlkopfentzündung, die sich am Abend so sehr verschlimmert, dass er trotz der späten Stunde beschließt, seinen Arzt aufzusuchen. Er klopft an, und das Dienstmädchen öffnet die Tür. Da er seine Stimme schon fast gänzlich verloren hat, beugt er sich vor und fragt mit Flüsterstimme: „Ist der Doktor im Haus?" Daraufhin beugt auch sie sich vor und sagt: „Nein, es ist in Ordnung, du kannst reinkommen." (Amon 2004, S. 30). Die Kenntnis über die Situation ist entscheidend, auch für den Erfolg von Rednern. Die antike Rhetorik spricht in diesem Zusammenhang von „Angemessenheit" (aptum) und meint dabei die „Situation" der Rede – Publikum, Raum, Zeitpunkt, Thema usw. –, welche über den Einsatz der Stimme entscheidet.

Ähnlich wie mit der Lautstärke verhält es sich mit der Sprechgeschwindigkeit, die relativ ist. Franzosen und Italiener sind in ihrer normalen Geschwindigkeit schneller als die Deutschen, weshalb die Synchronisierung entsprechender Filme aus dem Französischen bzw. Italienischen ins Deutsche schwer ist. Menschen neigen zu hoher Geschwindigkeit, je häufiger sie bestimmte Aussagen gemacht haben. Telefonistinnen von Firmen, die den Namen ihrer Unternehmen jeden Tag mehrmals aussprechen, stellen sich bei Kunden oft so vor, dass diese weder den Namen der Dame noch den der Firma eindeutig verstehen können. Ein erster Fehler auf der Beziehungsebene! Wichtig für die Sprachgeschwindigkeit sind auch die Pausen. Der Sprecher legt Pausen ein – gewollt oder ungewollt –, um entweder der Aussage Nachdruck zu verleihen, sich Zeit zum Nachdenken zu nehmen oder dem Hörer Gelegenheit zur Erwiderung einzuräumen bzw. weil er abgelenkt wird. Selbst Pausen werden „gehört" und gedeutet: „Er weiß nicht, worüber er spricht" (Nachdenken), „Er ist nicht konzentriert" (Ablenkung), „Er hält sich für schlau" (Nachdruck) usw.

Wichtig für die Stimmwirkung ist die Stimmhöhe bzw. -tiefe. Es gibt hohe, mittlere und tiefe Stimmlagen; einige haben hohe, andere tiefe Stimmen. Ein Tenor hat eine höhere Stimme als ein Bass und eine tiefere als Alt und Sopran. Während beim Singen die Tonhöhenvariation groß ist, ist sie beim Sprechen eingeschränkt. Jeder Mensch hat – und dies ist z. B. ein extralinguistisches Element – eine konstitutionell begründete mittlere Sprechstimmlage, die fachlich Indifferenzlage heißt (Amon 2004, S. 33).

Wer sich in dieser Indifferenzlage bewegt, wirkt natürlich und hat die Möglichkeit, die Stimme höher oder tiefer anzusetzen. Wer aber diese Lage überschreitet, wirkt künstlich. Hohe Töne nimmt man intensiver wahr als tiefe, weshalb alle Warnsignale von Feuerwehr über Polizei bis Luftschutzwarnung hohe Frequenzen sind; aber Menschen, die ihre Stimme künstlich höher setzen als ihre Indifferenzlage, wirken unecht und schmälern die Beziehungsebene. In jeder Stimmlage kann man übrigens die Klangfarbe und die Tonhöhe durch Verwendung der Stimmregister verändern: Kopfregister (Kopfstimme eher helle Töne), Brustregister (Bruststimme volle Töne, resonanzreich). Die ideale Mischung ist 50:50. Amon fasst die positiven und negativen Wirkungen der Stimme so zusammen (Amon 2004, S. 162 ff.):

Positiv

- Wenn die durchschnittliche Stimmhöhe in der Indifferenzlage des Sprechers liegt, empfinden die meisten Hörer das als natürlich und angenehm.
- Bei Männern werden die natürlich klingenden tieferen Stimmen oft positiv und als Ausdruck von Kompetenz bewertet.
- Deutliche Intonation strahlt Selbstbewusstsein aus.
- Menschliche Beziehungen lassen sich mit Variationen besser aufbauen.
- Eine kräftige, aber nicht zu laute Stimme ist ein Zeichen von Dominanz und Vitalität.
- Stimmen mit mäßigem Flüsteranteil, dabei aber nicht kraftlos oder schüchtern, werden besonders bei Frauen von vielen Menschen als angenehm bewertet.

Negativ

- Eine viel zu hohe oder tiefe Stimme gilt als unnatürlich und Abweichung von der Indifferenzlage.
- Eine zu hohe Stimmlage wird aber bei Frauen weniger kritisch beurteilt als bei Männern. Monotonie gilt als unsozial und neurotisch.

- Eine nicht raumangemessene Lautstärke wirkt künstlich.
- Eine nicht dem Gesprächspartner angemessene Lautstärke wirkt unsicher.
- Stimmen mit einem starken Flüster- bzw. Hauchanteil und geringer Lautstärke wirken schüchtern.

Noch eine letzte Bemerkung: Sicher haben Sie schon die Empfehlung gehört, man solle „Äh" und „Ähm" beim Sprechen vermeiden, flüssiges Sprechen klänge anders. Das stimmt. Und doch nicht ganz! Studien aus Schottland und den USA zeigen, dass Reden mit solchen Stolperlauten durchaus sinnvoll sein können. Denn „Ähs" wirken wie Kunstpausen; sie spannen die Aufmerksamkeit, man will wissen, was jetzt kommt. Derselbe Satz einmal flüssig und einmal „ver-ähmt" gesprochen, hat verschiedene Wirkungen. An die letzte Variante konnten sich die Versuchspersonen bei der erwähnten Studie in Schottland besser erinnern als an die erste, die sie schon vergessen hatten (Fiebich 2007).

> **Kunst des Schweigens oder ars tacendi**
>
> *Rhetorik* ist die Kunst der Rede. Sie umfasst aber auch die Kunst des Schweigens oder die *Sigetik*. Anders gewendet gehören *ars bene dicendi* und *ars tacendi* zusammen. Das hier gemeinte Schweigen unterscheidet sich vom Schweigen der rhetorischen Pause, von der oben die Rede war, und meint vielmehr die Fähigkeit zu wissen, wann, vor wem und zu welchem Thema gar keine Rede gehalten bzw. dazu in einer Rede verschwiegen werden soll. In einer modernen Wendung handelt es sich um Agenda Cutting, während Reden Themen setzen oder Agenda Setting betreiben.
>
> Schweigen bedeutet, sehr vereinfacht formuliert, dass keiner etwas sagt. Auf keinen Fall aber ist Schweigen die Abwesenheit von Kommunikation. Schweigen ist nicht einmal Stille. Nur wenn Rede und Reaktion erwartet, aber mit Stille geantwortet wird, heißt diese Stille Schweigen. Tritt aber keine Erwartung auf, so entsteht auch kein Schweigen, sondern es herrscht bloße Stille. „Demütigungen, Prügel, Vergewaltigung: Bei den Regensburger Domspatzen hatte der Missbrauch von Kindern System, jahrzehntelang", schreibt Antje Schmelcher in Frankfurter Allgemeine Sonntagszeitung und betitelt ihren Artikel lapidar: „Silentium" (23. Juli 2017, Nr. 29). Diese Art von Schweigen ist dem Verschweigen gegenüber der Öffentlichkeit vorgeschaltet, denn die Täter oder die Mitwisser schweigen über die Geschehnisse auch intern (vgl. Bazil

und Piwinger 2009, S. 14) – sie bilden eine „Schweigergemeinschaft". Man tut so, als ob es so etwas nie gegeben hätte. Wer aus dieser Schweigegemeinschaft ausbricht und Geheimnisse nach außen trägt, gilt als „Nestbeschmutzer" (Bazil 2017, S. 18 ff.).

Also spätestens dort, wo der Schweigende mit seiner Wortlosigkeit eine Absicht verfolgt, ist Kommunikation im vollen Gange, und frühestens dort, wo der Interaktionspartner das Schweigen deutet, beginnt sie. Man kann auch schweigen, indem man etwas verschweigt. Im Unterschied zum Schweigen kann derjenige, der etwas verschweigt, sehr redselig sein, um die Aufmerksamkeit des Publikums abzulenken. Verschweigen ist im Gegensatz zum Schweigen mit Reden verbunden, während Dinge ungesagt bleiben. Erwartungen sind hier auch nicht im Spiel. Man redet öffentlich, aber erwähnt bestimmte Ereignisse nicht. „Wer schweigt, der muss nicht zugleich etwas verheimlichen – und wer etwas geheim hält, der muss deswegen nicht nicht sprechen." (Bellebaum 1992, S. 88). Verschwiegen wird etwas, das einer Person oder einer Gruppe schaden könnte, weil eben Tabus oder gesellschaftliche Normen verletzt wurden. Man verschweigt, indem man das Gesprächsthema wechselt oder man bestreitet etwas, das gar nicht behauptet wurde, um auch hier die Aufmerksamkeit auf etwas anderes zu lenken. So werden Geheimnisse geschützt, von denen die Öffentlichkeit nichts erfahren darf, denn sonst droht Gefahr. Bei dem sogenannten „Abgas-Skandal", der die Automobilindustrie erfasst hat, handelt es sich um ein Verschweigen von Unerlaubtem, hier Kartellabsprachen, bei gleichzeitiger Bereitschaft, über Innovationen und Zahlen und Umweltstandards zu reden. Ist einmal das Geheimnis gelüftet, dann gibt es kein Zurück mehr: „Der VW-Abgas-Skandal wird zur öffentlichen Schlammschlacht ohne Tabus." (Berliner Morgenpost, 10.02.2017, Bazil 2017, S. 19 f.).

Tabus sind Themen, die verschwiegen werden. Tabus sind Themen, die in kleinen oder großen Gesellschaften nicht angesprochen werden dürfen. In bestimmten Familien darf man bestimmte Familiengeschichten nicht erzählen und für Fremde gilt: „Im Hause der Gehenkten darf man nicht vom Strick reden"; in bestimmten Staaten sind bestimmte Ausschnitte ihrer Geschichte Tabu und wenn sie doch erzählt werden, dann aus einer Perspektive, die dem Land nicht schadet. Tod, Sexualität, schambesetzte Krankheiten, von Alkoholismus bis zu psychischen Störungen, und Geld sind weitere Tabuthemen – natürlich abhängig von Gesellschaft und Anlass. Der gesamte Bereich der politischen Korrektheit gehört auch hierhin.

Natürlich spricht man auch nicht öffentlich über Themen, die zwar keine Tabus sind, aber doch peinlich – „Hätte er bloß den Mund gehalten." Wie im folgenden Fall:

Ein deutscher Spitzenmanager hält auf einer Promotionsfeier eine Rede. Seine Gattin sitzt im Publikum. ‚Meine Frau ist jetzt auch da, da drüben sitzt sie!', beginnt er einen Exkurs. Bis dahin ist alles fein. Aber dann sagt der Redner: ‚Sie wollte ursprünglich auch promovieren. Dann kamen die Kinder, das alles, Sie wissen, wie das ist. Obwohl, dann waren die Kinder aus dem Haus, na ja, sie hätte dann noch – aber das weiß man nie, da müsste ich noch mal fragen.' Ein ‚ehrliches Wort' versandet in Peinlichkeit (Wachtel 2018).

In der Regel ahnen Redner, worüber sie nicht reden sollten. Hier kommt es darauf an, rechtzeitig auch schweigen zu können.

Eine neue Erscheinung, die mit dem Aufkommen der sozialen Medien zusammenhängt, heißt „strategic silence" und kehrt das vertraute Verhältnis „Tue Gutes und rede darüber" um in „Tue Gutes und schweige darüber." Unternehmen, die etwas Gutes tun, z. B. für die Umwelt, gehen umsichtiger damit um, weil sie befürchten, dem Vorwurf der Scheinheiligkeit ausgesetzt zu werden, sobald eine Kleinigkeit schiefgeht. So zum Beispiel ergoss sich in den sozialen Medien Spott und Häme über United Airlines, die anpries, was sie Gutes für die Veteranen tut, aber ein Videoclip zeigt, wie ihr Sicherheitspersonal einen Passagier aus der überbuchten UA-Maschine gewaltsam entfernt. Das gesamte Unternehmen geriet in grelles Licht. „Strategic silence" mahnt zur Vorsicht (Carlos und Lewis 2017).

Fassen wir die Kernpunkte zusammen, so ergeben sich für Reden drei Formen des Schweigens:

- die rhetorische Pause, also die Kunstpause;
- das Verschweigen von Themen und Tabuthemen;
- das Schweigen durch Nicht-Rede.

Sowohl im privaten als auch im öffentlichen Kontext gilt aber: Schweigen ist ein Risiko. Kennt man die Gründe, weshalb jemand schweigt oder etwas verschwiegen wird, so können die eigenen Reaktionen und deren Folgen besser eingeschätzt werden. Sind aber die Gründe des Schweigens unklar, so steigt das Risiko falscher Deutungen, die zu Mutmaßungen, Gerüchten, Zweifeln führen. Dennoch müssen Redner wissen: Es gibt keine Rhetorik oder Sigetik, keine Kunst der Rede ohne die Kunst des Schweigens.

> **Ihr Transfer in die Praxis**
> - Entwerfen Sie Ihre „Blaue Rede"!
> - Üben Sie, Worte mit Werten zu verbinden!
> - Probieren Sie einmal aus, beim Reden zu schweigen, und analysieren Sie den Effekt!
> - Welche Mittel gibt es, um Aufmerksamkeit für Ihre persönliche Rede zu erzeugen?
> - Analysieren Sie, worauf Sie bei Reihenfolgen – in Sprache und Inszenierung – achten sollten!

Literatur

Amon, I. 2004. *Die Macht der Stimme: Persönlichkeit durch Klang, Volumen und Dynamik*. München: Redline.

Bazil, V. 2005. *Impression management. Sprachliche Strategien für Reden und Vorträge*. Wiesbaden: Gabler.

Bazil, V. 2013. Was von der Rede übrig bleibt … ist der Schnipsel, das Zitat. Über die Not der politischen Rhetorik im Medienzeitalter. *Süddeutsche Zeitung*, 12. Juli 2013, 2 (Themen des Tages).

Bazil, V. 2017. Tabus – Aktionen und Reaktionen. Spuren sakraler Kommunikation. In *Kommunikationsmanagement*, Hrsg. G. Bentele, M. Piwinger, und G. Schönborn. Köln: Luchterhand. Art.- Nr. 8.94.

Bazil, V., und M. Piwinger. 2009. Schweigen als Teil der Kommunikation. In *Kommunikationsmanagement*, Hrsg. G. Bentele, M. Piwinger, und G. Schönborn. Köln: Luchterhand. Art.- Nr. 5.38.

Bazil, V., und M. Piwinger. 2016. „Wer anderen eine Grube gräbt…" – Sprichwörter in der Kommunikation. In *Kommunikationsmanagement*, Hrsg. G. Bentele, M. Piwinger, und G. Schönborn. Köln: Luchterhand. Art.-Nr. 8.89.

Bazil, V., und M. Piwinger. 2017. Die Stimme – Eindruck und Identität. Wie uns die Stimme identifiziert und charakterisiert. In *Kommunikationsmanagement*, Hrsg. G. Bentele, M. Piwinger, und G. Schönborn. Köln: Luchterhand. Art.-Nr. 5.97.

Bazil, V., und R. Wöller. 2006. Wirtschaftsrhetorik. Perspektiven und Bausteine. In *Kommunikationsmanagement*, Hrsg. G. Bentele, M. Piwinger, und G. Schönborn. Köln: Luchterhand. Art.-Nr. 5.26.

Bellebaum, A. 1992. *Schweigen und Verschweigen. Bedeutungen und Erscheinungsvielfalt einer Kommunikationsform.* Opladen: Westdeutscher Verlag.

Berliner Morgenpost: Skandal wird zur öffentlichen Schlammschlacht bei VW. https://m.morgenpost.de/wirtschaft/article209559563/Skandal-wird-zur-oeffentlichen-Schlammschlacht-bei-VW.html.

Biehl, B. 2008. Zur Inszenierung der Rede. In *Rede als Führungsinstrument. Wirtschaftsrhetorik für Manager – ein Leitfaden,* Hrsg. V. Bazil und R. Wöller, 157–171. Wiesbaden: Gabler.

Bierbrauer, G. 1996. *Sozialpsychologie.* Stuttgart: Kohlhammer.

Bierhoff, H.W. 2006. *Sozialpsychologie. Ein Lehrbuch,* 6. Aufl. Stuttgart: Kohlhammer.

Blick.ch. 2016. So wollte Muhammad Ali in Erinnerung bleiben «Ein Mann, der nie auf die herabschaute, die zu ihm aufschauten». https://www.blick.ch/sport/boxen/ein-mann-der-nie-auf-die-herabschaute-die-zu-ihm-aufschauten-so-wollte-ali-in-erinnerung-bleiben-id5112303.html. Zugegriffen: 14. Aug. 2018.

BMW Group. 2017. Rede Harald Krüger, Vorsitzender des Vorstands der BMW AG, Sneak Preview Modelljahr 2018. https://www.press.bmwgroup.com/deutschland/article/detail/T0276704DE/rede-harald-krueger-vorsitzender-des-vorstands-der-bmw-ag-sneak-preview-modelljahr-2018-strategie-update?language=de. Zugegriffen: 25. Juni 2018.

Carlos, W. C., und W. B. Lewis. 2017. Strategic silence: Why aren't companies talking about their environmental accomplishments? https://www.huffingtonpost.com/entry/strategic-silence-why-arent-companies-talking-about_us_59235661e4b0b28a33f62ebf?guccounter=1. Zugegriffen: 2. Juli 2018.

Detje, F. 1996. *Sprichwörter und Handeln. Eine psychologische Untersuchung.* Bern: Lang.

FDP-Bundestagsfraktion, Hrsg. 2005. *61 Liberale im 16.* Berlin: Deutschen Bundestag.

Fiebich, A. 2007. Ein „Äh" bringt's rüber. http://www.bild-der-wissenschaft.de/bdw/bdwlive/heftarchiv/index2.php?object_id=31172426. Zugegriffen: 2. Juli 2018.

Goethe, Brief an Zelter, vom 29. Januar 1830. http://www.zeno.org/Literatur/M/Goethe,+Johann+Wolfgang/Briefe/1830. Zugegriffen: 9. Juli 2018.

Gracian, B. 1967. *Handorakel und Kunst der Weltklugheit.* Stuttgart: Alfred Kröner.

Hoffmann, S. 2012. *Argumentative Strukturen in Sprichwörtern*. Bern: Lang.
Hroch, N. 2003. Metaphern von Unternehmen. In *Sinnformeln. Linguistische und soziologische Analysen von Leitbildern, Metaphern und anderen kollektiven Orientierungsmustern*, Hrsg. S. Geideck und W.-A. Liebert, 125–153. Berlin: De Gruyter.
Kant, I. 1913. Anthropologie. Handschriftlicher Nachlass. In *Kant's gesammelte Schriften*, Bd XV, 2.1. Aufl, Hrsg. I. Kant. Berlin: Georg Reimer.
Kant, I. 1977. Schriften zur Anthropologie, Geschichtsphilosophie, Politik und Pädagogik 2. In *Werkausgabe*, Bd XII, Hrsg. I. Kant. Frankfurt a. M.: Insel.
Kleist, v. H. 1982. Über die allmähliche Verfertigung der Gedanken. *SämtlicheWerke*, 880–884. München: Winkler.
Kuhlmann, M. 1999. *Last Minute Programm für Vortrag und Präsentation*. Frankfurt a. M.: Campus.
Loriot: Sendezeit-Aufteilung zwischen SPD und CDU/CSU. https://www.youtube.com/watch?v=T8Bn73wtYHM. Zugegriffen: 14. Aug. 2018.
Neue Zürcher Zeitung. 2018. 30. April.
Nietzsche, F. 1980a. Götzen-Dämmerung. In *Sämtliche Werke*, Hrsg. F. Nietzsche, 55–163. München: Deutscher Taschenbuch Verlag & Walter de Gruyter.
Nietzsche, F. 1980b. Nachgelassene Fragmente 1882–1884. In *Sämtliche Werke*, Bd. 10, Hrsg. F. Nietzsche. München: Deutscher Taschenbuch Verlag & De Gruyter.
Perelman, C. 1980. *Das Reich der Rhetorik. Rhetorik und Argumentation*. München: Beck.
Petras, A., und V. Bazil. 2008. *Wie die Marke zur Zielgruppe kommt: Optimale Kundenansprache mit Semiometrie*. Wiesbaden: Gabler.
Petras, A., und V. Bazil. https://www.kantartns.de/kernkompetenzen/brand-communication_semiodialog.asp.
Piwinger, M. 2008. Rede beginnt vor der Rede. In *Rede als Führungsinstrument. Wirtschaftsrhetorik für Manager – ein Leitfaden*, Hrsg. V. Bazil. Wiesbaden: Gabler.
Piwinger, M., und V. Bazil. 2010. Impression management. Über Sein und Schein. In *Kommunikationsmanagement*, Hrsg. G. Bentele, M. Piwinger, und G. Schönborn. Köln: Luchterhand. Art.-Nr. 2.35.
Piwinger, M., und V. Bazil. 2017. Reihenfolgeeffekte. Ihre Auswirkung auf den ersten Eindruck. In *Kommunikationsmanagement*, Hrsg. G. Bentele, M. Piwinger, und G. Schönborn. Köln: Luchterhand. Art.-Nr. 8.93.

Piwinger, M., und H. Ebert. 2002. Vorfeldkommunikation – ein Plädoyer für einen Paradigmenwechsel Teil 1: Modellskizze. In *Kommunikationsmanagement*, Hrsg. G. Bentele, M. Piwinger, und G. Schönborn. Köln: Luchterhand. Art.-Nr. 1.14.
Pörksen, U. 1988. *Plastikwörter. Die Sprache einer internationalen Diktatur.* Stuttgart: Klett-Cotta.
Quintilianus, M. F. 2000. Institutio oratoria. http://www.thelatinlibrary.com/quintilian/quintilian.institutio11.shtml#2. Zugegriffen: 17. Juli 2018.
Schmelcher, A. 2017. Silentium. *Frankfurter Allgemeine Sonntagszeitung*, 23. Juli. Frankfurt a. M.
Sprondel, W. M., Hrsg. 1994. *Für Thomas Luchmann: Die Objektivität der Ordnungen und ihre kommunikative Konstruktion.* Frankfurt a. M.: Suhrkamp.
Strauß, F. J. 1989. *Die Erinnerungen.* München: Siedler.
Ueding, G., und B. Steinbrink. 2011. *Grundriß der Rhetorik. Geschichte, Technik, Methode*, 5. Aufl. Stuttgart: Metzler.
VRdS/DPRG-Studie. 2007. Welchen Anteil haben Text, Erscheinungsbild des Redners, Betonung und Gestik an der Gesamtwirkung eines Vortrags? Bericht über eine experimentelle Untersuchung in Kooperation mit dem Institut für Publizistik der Universität Mainz. Die Studie kann über. www.vrds.de bezogen werden.
Wachtel, S. 2018. Schweigen – die Krone jeder Kommunikation. http://www.manager-magazin.de/unternehmen/karriere/stefan-wachtel-schweigen-ist-oft-besser-als-sprechen-a-1187055.html. Zugegriffen: 2. Juli 2018.
Weber Shandwick Studie. 2015. The CEO reputation premium: Gaining advantage in the engagement era. https://www.webershandwick.com/uploads/news/files/ceo-reputation-premium-executive-summary.pdf. Zugegriffen: 15. Juli 2018.

3 Organisation

> **Was Sie aus diesem Kapitel mitnehmen**
>
> - Was der Unterschied zwischen Rhetorik und Redemanagement ist
> - Wie Redner und Redenschreiber zusammenarbeiten sollten
> - Warum Redenmanager auch Sprachmanager sind

Eine gute Rede ist auch eine Frage guter Organisation. Darunter verstehe ich Handhabungen, die über die vorigen bekannten Schritte hinausgehen und die Praxis insbesondere in Organisationen betreffen. In Organisationen beschäftigen Redner Redenschreiber oder Referenten, die ihnen zuarbeiten. Die Weise dieser Zusammenarbeit beeinflusst die Qualität der Rede. Leider vergessen die Beteiligten bei der Rückschau und Bewertung von Auftritten dieses Bindeglied zwischen Rednern und Redenschreibern, als ob die Weise, in der die Rede entsteht, nebensächlich wäre, als ob das „Wie" keine Bewandtnis in Bezug auf das „Was" hätte. Nachfolgend einige Bemerkungen zu diesem Kitt.

3.1 Redner und Redenschreiber oder: Mund und Hand

Es ist wohl kein Geheimnis, dass Redner in Organisationen mit Redenschreibern als Dienstleistern zusammenwirken. Außenstehende, die davon zum ersten Mal hören, sind zuweilen enttäuscht und tun ihr Unverständnis darüber kund, wieso man seine Rede nicht selber vorbereiten könne. Aber Redenschreiber hat es immer schon gegeben – entweder, weil früher manche nicht schreiben konnten und auch keine Begabung dazu hatten, oder, wie heute, weil die Zeit nicht ausreicht, Reden mit all den dazugehörigen Schritten selber vorzubereiten.

Was ist aber das ergiebigste Verhältnis der beiden? Das Wort „Redenschreiber" hat den Nachteil, dass man sich darunter eine „Hand" vorstellt, die Reden „schreibt". Tatsächlich aber leisten „Redenschreiber" mehr als nur Reden zu schreiben. Nicht nur, weil sie auch Namensartikel schreiben, Positionspapiere formulieren, Briefe und Mails fertigen, Texte redigieren, Redner bei Auftritten beraten. Sie sind vor allem das, was Franz Müntefering, ehemaliger SPD-Vorsitzender, auf einem Kongress des Verbandes der Redenschreiber deutscher Sprache (VRdS) formuliert hat: „Sparringpartner". Sie sind Ideenschmiede, Mit-Redner, Vor-Denker, Mit-Denker; sie sind nicht bloß „schreibende Hände", sondern „denkende Köpfe", die Kontrapunkte setzen. Eine der meist gestellten Fragen an Redenschreiber ist: Wie könnt ihr den Stil des Redners nachahmen? Stil sei doch sehr persönlich, und ihr arbeitet auch für mehrere Redner. Die Frage ist berechtigt. *„Le style c'est l'homme",* lautete ein bekannter Satz des Naturforschers Buffon (1707–1788) in seiner Antrittsrede in der französischen Akademie. In diesem Sinne kann der Redenschreiber den Redner nicht nachahmen, aber er kann bestimmte Vorlieben des Redners beachten und Sparringpartner sein.

Daher suchen Sie das Gespräch mit Ihrem Redenschreiber von Beginn an. Die beliebte Ausrede, weshalb Redner ihre Redenschreiber mehr auf dem Papier treffen als Angesicht zu Angesicht, „wir haben keine Zeit", gilt nicht. Redner, die mit dieser Ausrede in der Brusttasche unterwegs sind, messen der Rede wenig Gewicht bei. Solche Gespräche sind wichtig, viel wichtiger als papierne Einweisungen. Redenschreiber hören mit geschärften Ohren: Gestik und Mimik unterstreichen, was für den Redner wichtig oder unwichtig sind; seine Witze, Zitate, Geschichten schmecken die Rede ab. Am besten finden solche Gespräche außerhalb der Büroräume statt, um dem formalen Zwang zu entgehen. Wenn auch sich solche Gelegenheiten selten ergeben werden, weil der Alltag alle im Bann hält, sind gelegentliche, auch kurze, auch ungeplante Gespräche hilfreich – auf jeden Fall mehr als die Bekanntschaft des Redners und des Redenschreibers auf einem Stück Papier.

3.2 Jedem Anfang wohnt eine Zauberfrage inne

Organisationen, die sich Redenschreiberinnen und Redenschreiber leisten, auch unter anderen Namen wie „Referenten", schaffen ein „rhetorisches Dreieck", bestehend aus der Rednerin oder aus dem Redner, dem Redenschreiber und dem Publikum. Wenn Sie der Redenschreiber und auch noch neu in Ihrer Organisation sind, bitten Sie den Redner oder die Rednerin:

1. um einige Typoskripte seiner oder ihrer früheren Reden.
2. um jene Typoskripte unter denen, die ihm oder ihr am besten gefallen haben und
3. um einige Hinweise, welchen Redner oder welche Rednerin er oder sie weshalb für gut oder schlecht hält.

Warum sind diese drei Fragen wichtig? Weil, und diesen Fehler begehen nicht nur Redner, gute Reden nicht immer mit guten Redetexten zusammenfallen! Es sind die Redner selbst, die aus Texten gute oder schlechte Reden machen. Man sagt, dass Richard Nixon sehr leicht aus guten Redetexten schlechte Reden machen konnte und umgekehrt Ronald Reagan aus schlechten gute. Die Rede von Bundeskanzler Helmut Schmidt zur Schleyer-Entführung am 05. September 1977, ausgestrahlt von der ARD, gilt als eine wichtige Rede, doch der Text, losgelöst von dessen Vortrag, ist auf den ersten Blick nicht einwandfrei – wer ihn liest, stolpert über die Wort- und Satzstellungen. Hätte man nur diesen Text im Blick, so würde der Rotstift bald zu Werke gehen. Aber vorgetragen, wirkt derselbe Text anders. Deshalb scheint mir notwendig zu sein, bei Beurteilungen von Reden stets zwischen Text und Vortrag zu unterscheiden. Und wenn Sie Redenschreiber sind und Ihren Auftraggeber nach einer guten und gelungenen Rede fragen, dann bitten sie ihn auch, er möge Ihnen Redetexte zeigen, die nach seinem Geschmack gelungen sind. Unerfahrene Redner meinen, der Redetext und die Rede seien identisch. Sie verkennen, dass das Publikum nie sagen wird: die Rede war gut, aber der Redetext schlecht. Es sind die Redner selbst, die aus guten oder weniger guten Texten sehr gute Reden machen. Es gibt Redner, die eine Rede sehr gut finden, legen Sie ihnen aber deren Text vor, sind sie erstaunt, wie wenig ihnen dieser Text zusagt. „Guter Text" heißt bei Weitem nicht auch „gute Rede".

Da der Prophet im eigenen Land nichts wert ist, hat der Redenschreiber ein offenes Zeitfenster von wenigen Monaten, um seine Vorstellungen in der neuen Organisation und beim Redner durchzusetzen. Bis dahin ist er Prophet aus fremdem Land und wertvoll, danach ist er Prophet im eigenen Land und uninteressant. Also lohnt es sich, auf dieses erste Gespräch gut vorbereitet zu sein.

Hier einige Fragen, die Sie zu einer Checkliste ausarbeiten können:

- Wer erteilt den Redeauftrag?
- Welche Information enthält der Auftrag, z. B. Datum, Veranstalter, Anlass, Thema, Programm, Publikum, Länge.
- Bei wichtigen Reden findet ein Gespräch im Vorfeld mit dem Redner statt. Bei weniger wichtigen reicht das Gespräch mit dem Pressesprecher oder Kommunikationsverantwortlichen aus.
  Als ich für den Vorstandsvorsitzenden eines DAX-Unternehmens eine Rede schreiben sollte – als freiberuflicher Redenschreiber – musste ich zuerst einen inhaltlichen Streit zwischen dem Public-Relations-Chef und dem Public-Affairs-Chef schlichten, weil beide sich weder persönlich noch inhaltlich grün und einig waren.
- Wer liefert dem Redenschreiber das inhaltliche Gerüst?

- In welcher Form kommen die Informationen? Als Zahlen, Daten, Fakten? Oder bereits als Redetext?
  Der Vorteil des letzteren ist die Vorauswahl des Stoffes durch die Fachleute selbst. Wird diese Variante bevorzugt, sollen vielleicht die Fachreferenten geschult werden.
- Findet nach Abgabe des Redetextes noch einmal eine Absprache mit dem Redner statt?
- Wer ist Ansprechpartner beim Veranstalter? Kann er wertvolle Infos zum Publikum geben?
- Nach dem Inhalt kommt die Inszenierung: Programm, wer kommt im Ablauf zuvor, wer danach, wichtige Personen im Publikum, technische Ausstattung, Zusammensetzung des Publikums, Foto, Lebenslauf.
- Wird die Veranstaltung live in den sozialen Medien übertragen?
- Wer von der Organisation beobachtet den Redner?
- Wird die Rede gemeinsam mit dem Redner ausgewertet?
- Wie ist die Resonanz beim Publikum und in den Medien – auch den sozialen?
- Sollen die Ergebnisse der Auswertung anderen Mitarbeitern – Presse, Marketing, Social Media – mitgeteilt werden?
- Wie kann man die Rede wiederverwerten – als Ganzes oder nur Zitate aus ihr? Im Internet, im Intranet, in den sozialen Medien?

3.3 „Gute Stimmung" ist ein neckisches Umspiel

Eines Tages habe ich einer Auftraggeberin, der Rednerin, einen Redetext geliefert, und sie hat ihn mir mit vielen Randnotizen und Korrekturwünschen zurückgegeben. Sie war an jenem Tag schlecht gelaunt – „umformulieren!", „ändern!", „zu lang!", „Unsinn!" waren ihre lapidaren und wirschen Korrekturwünsche. Weil mir aber bei allem Wohlwollen die Gründe für diese Änderungswünsche nicht einleuchten wollten, habe ich nur an wenigen Stellen ihre Wünsche erfüllt, und am nächsten Tag, als ich vom Vorzimmer grünes Licht bekommen hatte, ihr das Typoskript erneut zu lesen gegeben. Und siehe da: Sie hat denselben Redetext ohne weitere Kommentare angenommen! An diesem Tag war sie gut gelaunt.

Ihr Vorzimmer hat sich beherzigt, ihr meine Texte dann vorzulegen, wenn sie in aufgeräumter Stimmung ist. Oft ist es nicht der Text, sondern der Tag, der den Ausschlag gibt! Bei guter Laune erscheinen auch Redetexte in besserem, hellerem Licht. Also unterschätzen Sie den Einfluss von Stimmungen nicht. Sie sind beim Publikum genauso wichtig, wie beim Auftraggeber. Gute Stimmungen nähren den Boden für Akzeptanz, schlechte Stimmungen dagegen wecken das Widerspenstige, dessen Zähmung uns nicht immer glückt. Die Allianz zwischen Vorzimmer und Redenschreiber kann Wunder wirken.

Immerhin ist es ermutigend zu wissen, dass wirsche Bemerkungen zur Rede nicht immer mit einem selber zu tun haben, sondern aus augenblicklichen Stimmungen hervorgehen, und freimütige Auftraggeber gestehen es sich auch ein, wie es ein anderer Redner unumwunden zugegeben hat: „Hätte ich Ihren Text gestern gelesen, hätte ich diese Passage nicht gestrichen; ich entscheide spontan." Jedenfalls haben wir allen Anlass, weiterhin über das schlechte Wetter zu schimpfen.

3.4 Gastfreundschaft hat rhetorischen Wert

Als Redner oder Redenschreiber haben Sie es oft mit einem Dritten im Bunde zu tun – mit dem Gastgeber und dem, der Sie dem Publikum vorstellt. Wie schon gesagt, beginnt die Rede nicht mit „Sehr geehrte Damen und Herren" zu wirken, sondern vorher. Sie können zwar niemandem vorschreiben, wie er Sie den Gästen vorstellen soll, aber Sie können einen Vorschlag dazu machen und dem Veranstalter für Sie wichtige Informationen liefern – Informationen, die für das Publikum relevant sind und Ihrem Selbstkonzept entsprechen.

Erinnerungswürdig sind solche Auskünfte, die aus dem Rahmen herausfallen. Halten Sie eine Rede über die Finanzkrise oder über die Bildungspolitik oder über die demografische Entwicklung, bleibt mit hoher Wahrscheinlichkeit die beiläufige Auskunft, dass Sie moderne

Kunst sammeln, im Gedächtnis des Publikums haften. Ob Sie es tun wollen und in welchem Ausmaß, hängt von der Situation ab. Wichtig ist nur, dass diese Nachrichten, ein bis zwei reichen aus, aus dem allgemeinen Rahmen herausfallen, um Aufmerksamkeit zu erregen. Positiv besetzte „Nebensächlichkeiten" werden in der Wahrnehmung oft zur „Hauptsache".

3.5 Redenschreiber sind auch Sprachchefs

Redenschreiber leisten mehr, als nur Reden zu schreiben. Eine weitere Umfrage des Verbandes der Redenschreiber deutscher Sprache unter den eigenen Mitgliedern aus dem Jahre 2015 hat ergeben, dass in den letzten fünf Jahren die Zahl der Reden, die Redenschreiberinnen und Redenschreiber vorbereiten müssen, gestiegen ist (VRdS-Barometer 2015). Diese Entwicklung liegt im Trend, aber sie hat Folgen für den beruflichen Alltag der Redenschreiber selbst. Diese Umfrage zeigt auch, dass Redenschreiber in Organisationen nicht nur Redetexte verfassen, sondern auch Briefe, Berichte, Broschüren usw. Namensartikel schreiben 79,2 % der Redenschreiberinnen und Redenschreiber, PR-Texte 75 %, Briefe 62,5 %, PowerPoint-Präsentationen erstellen 54,2 %, mit Pressearbeit sind 50 % befasst und Internetartikel verfassen 45,8 %. Redenschreiber können so Einfluss nehmen auf die Sprachkultur der eigenen Organisation und auch einen Beitrag zur Unternehmenskultur insgesamt leisten.

Eine der Methoden, wie eine Sprachkultur erarbeitet werden kann, ist die Semiometrie (vgl. Abschn. 2.3.13).

3.6 Gehen Sie einen ungewöhnlichen Weg

Wenn Sie neu in einer Organisation sind und von bestimmten Themen wenig bis gar keine Ahnung haben, machen Sie Folgendes: Bitten Sie einen Abteilungsleiter, einen Referatsleiter oder wie die Gliederungen in Ihrer Organisation sonst heißen, Ihnen den „Wald" Ihres Themas in ein bis zwei Stunden zu zeichnen, also Sie in das Thema einzuführen.

Wenn Sie den Überblick haben, können Sie sich als Redner oder Redenschreiber schneller im Wald orientieren und Zusammenhänge erkennen.

Einige halten diesen Ansatz für umständlich, schließlich ginge es in einer Rede nicht so sehr um Faktenkenntnisse. Das mag sein, gleichwohl meine ich, dass mentale Landkarten Rednern und Redenschreibern helfen, Themen in solchen Landkarten zu verorten und Zusammenhänge herzustellen, an die man sonst nicht denken würde.

3.7 Die ersten 100 Tage sind bewegte Tage

Wenn Sie neu in der Organisation sind, versuchen Sie, deren offizielle und inoffizielle Netze kennenzulernen und zu nutzen. Sprechen Sie auch, wenn Sie es können, mit Ihrem Vorgänger, vielleicht gibt er Ihnen den einen oder anderen Tipp. Klären Sie das Vorgehen von Anfang an; treffen Sie die Fachreferenten und beratschlagen Sie mit ihnen über Art und Umfang von Zuarbeiten; gehen Sie mittags auch mit Kolleginnen und Kollegen aus anderen Fachbereichen zum Essen. So erfahren Sie, welche inhaltlichen und vor allem atmosphärischen Probleme den Mitarbeiterinnen und Mitarbeitern unter den Nägeln brennen, worauf sie Wert legen, was sie vom Chef erwarten, was gut läuft und was nicht. Ihre Kollegen werden sich Ihnen gegenüber nicht sofort öffnen, schließlich sind Sie von der Chefetage. Auch hier ist Vertrauen der Schlüssel zum ungestörteren Miteinander. Auch hier können Sie den Gesprächen mehr abgewinnen als fachlich korrekten Zuarbeiten.

Es ist auch müßig zu sagen, wie wichtig das Verhalten des Redenschreibers zum Umfeld des Redners ist. Hochnäsigkeit, Befehlston und Wichtigtuerei sind schädlich. Ich selbst habe bei manch einem jungen Kollegen erlebt, wie er berauscht von der Nähe zum Machtzentrum – CEO und Vorstand – die Bodenhaftung verloren und hochnäsig einen Befehlston anderen gegenüber angeschlagen hat, sodass sie ihn mit unvollständigen Informationen und späten Zuarbeiten ins offene Messer haben laufen lassen. Nach eineinhalb Jahren musste er das Unternehmen verlassen.

3.8 Die Kunst der Verkettung

Wie oben angedeutet, ist die Rede keine Insel, sondern ein Land benachbart mit anderen Ländern. Das will heißen, sie ist mit anderen Instrumenten der Kommunikation in Wechselwirkung. Wenn Sie als Organisation planen, Ihre Anspruchsgruppen in einem bestimmten Rhythmus zu kontaktieren, dann wechseln Sie die Instrumente – Brief, E-Mail, Broschüre, Veranstaltung, Rede usw. – aber so, dass eine Kette zustande kommt, d. h. dass eine Maßnahme den Effekt des früheren Kontaktes aufgreift und verstärkt. Konkret für Reden heißt es: Überlegen Sie und fragen Sie nach, wann das Publikum zuletzt von Ihrer Organisation kontaktiert worden ist, schauen Sie den Inhalt an, greifen Sie ihn in Ihrer Rede auf und beachten Sie, dass der nächste Kontakt Inhalte aus Ihrer Rede wiederum weiterführt. Mit so einer Kette können Sie die Wirkung Ihrer Botschaft verstärken.

Hier gilt der Grundsatz: Die Rede endet nicht mit der Rede. Passagen aus der Rede können auf die Webseite gestellt werden, Videos oder Zitate über Twitter verschickt oder später aus anderen Anlässen nochmals zitiert werden. Die Verkettung von Online und Offline bietet genügend Möglichkeiten, um auch nach der Rede diese in anderen Zusammenhängen zu nutzen. „Mehrfachverwendung" wäre hier das Schlüsselwort.

Ihr Transfer in die Praxis

- Überprüfen Sie, wie die Zusammenarbeit zwischen Ihnen als Redner mit Ihren Redenschreibern und umgekehrt zwischen Ihnen als Redenschreiber mit Ihren Rednern läuft. Wenn es Handlungsbedarf gibt – kommunizieren Sie dazu!
- Analysieren Sie, was Sie als Redemanager in den ersten 100 Tagen in Ihrer Organisation unternehmen können und sollten!
- Seien Sie stets bestrebt, auf die Sprachkultur Ihrer Organisation zu achten und sie zu prägen!

Literatur

Schmidt, H. 1977. Rede zur Schleyer-Entführung. https://www.youtube.com/watch?v=WHMhgm3JTaY. Zugegriffen: 18. Juli 2018.

Verband der Redenschreiber deutscher Sprache. 2015. Barometer. https://www.vrds.de/PDF/VRdS_Barometer_2015.pdf. Zugegriffen: 25. Juli 2018.

Nachwort

Die „Rede" hat heute einen guten Stand. Sie hat ihre Bedeutung zurückgewonnen, nachdem sie ihr Gewicht im rationalistischen Europa verloren und zu einer Zierde verkommen war. Die grundsätzliche Skepsis gegenüber der Rhetorik ist nicht neu. Sie manipuliere Meinungen und schere sich nicht um Wahrheit, hat auch der platonische Sokrates behauptet. Später schreibt Thomas Hobbes in „Grundzüge der Philosophie" (Hobbes 1918):

> Nun ist es aber die Aufgabe der Beredsamkeit, das Gute und das Böse, das Nützliche und das Nutzlose, das Rechte und das Unrechte über die Wirklichkeit hinaus zu vergrößern oder zu verkleinern und dem Ungerechten den Schein des Gerechten zu verleihen, je nachdem dies den Zwecken des Redners entspricht; dies heißt Überredung. Man benutzt wohl Vernunftschlüsse, aber geht dabei nicht von richtigen Grundsätzen aus, sondern von endoxois oder herrschenden Vorurteilen, die größtenteils falsch sind. Der Redner versucht auch nicht, seine Rede der Natur der besprochenen Dinge, als vielmehr den Leidenschaften seiner Zuhörer anzupassen. Deshalb werden die Beschlüsse nicht aus wohlüberlegten Gründen, sondern in einer gewissen Leidenschaft gefaßt. Dies ist nicht der Fehler der Menschen, sondern der Beredsamkeit, deren Zweck, wie

alle Lehrer der Beredsamkeit es lehren, nicht die Wahrheit (ausgenommen zufällig), sondern der Sieg ist, und deren Aufgabe nicht die Belehrung, sondern die Überredung ist.

Dass heute Beredsamkeit auch handwerklich einen guten Stand hat, ist kein Verdienst der Redner oder derer, die der Zunft der Rhetorik angehören und die Werbetrommeln für sie rühren. Beredsamkeit ist vielmehr die Nutznießerin einer Entwicklung, die „soziale Kompetenzen" oder „weiche Faktoren" als Bedingungen für privaten und beruflichen Erfolg entdeckt hat. Organisationen lernen, manchmal langsam, manchmal holprig, wie ihr Erfolg letztlich von einzelnen Menschen abhängt und nicht von Maschinen und Prozessen. Der Mensch rückt in die Mitte – und mit ihm die „Rede", die ihn als Menschen auszeichnet. Ob der Mensch aber wirklich im „Mittelpunkt" des organisatorischen Handelns steht, wie Organisationen es landauf, landab beteuern, oder ob er vielleicht doch, wie Vorwerk es einmal pointierte, immer noch ein „Mittel. Punkt" ist, sei dahingestellt (Piwinger o. J.). Wir leben im Zeitalter des „vernetzten Menschen".

Wir wachsen auch immer mehr in eine Kultur der Mündlichkeit hinein. Die Schriftsprache erweicht und nähert sich der mündlichen Sprache an. „Schreibe so, wie du sprichst", ist eine Empfehlung, die wir oft hören, und die Tendenz in der Mitteilung geht von der Schriftlichkeit zur Mündlichkeit. E-Mails, Facebook, Twitter usw. sind markante Beispiele dafür – kurze Sätze, wenig Formalien, starker Umgangston, Abkürzungen. Auch die Behördensprache, staubig und hierarchisch, wandelt sich, zwar im Schneckentempo, aber immerhin. „Rede nicht ‚Papier'!", lautet die Maxime für jeden guten Redner, und für einen jeden guten Schreiber klingt sie ähnlich: „Schreibe kein ‚Papier', auch wenn du auf dem Papier schreibst."

Auf jeden Fall keimt die Einsicht, „weiche Faktoren" sind „Erfolgsfaktoren", in den Köpfen der Menschen auf und Debattierclubs, Toastclubs, Landes- und Bundeswettbewerbe schießen wie Heilpflanzen aus dem Boden, Hoffnungen auf privaten und beruflichen Erfolg nährend und Früchte für das Leben tragend.

Dahinter steckt die ungewisse Ahnung: Mehr Mündlichkeit könne zu mehr Mündigkeit führen. Äußerungen eines Schülers, der fleißig jedes Jahr an einem Redewettbewerb teilgenommen, bislang aber noch keinen Preis gewonnen hat, bekräftigen diese Ahnung. Während eines Jugend-Redeforums in Sächsischen Landtag hat ein Schüler mir in der Mittagspause Folgendes berichtet:

Er beschäftige sich seit zwei Jahren mit Rhetorik. Lehrer und Eltern unterstützten ihn dabei. Allein das Wissen um baldige Wettbewerbe habe seine Augen geschärft und Ohren gespitzt. Er verfolge aufmerksam die Zeitthemen und vertiefe das eine oder andere auf eigene Faust. Er habe gelernt, konzentriert öffentliche Reden zu hören und sie ansatzweise zu analysieren. Dass er auch Menschen, ihre Sprache und ihren Auftritt bewusster wahrnehme, sei eine weitere Nebenwirkung. Aber das Eigentliche, das er sich angeeignet hat und worauf er am meisten stolz sei, weil ursprünglich schwach darin, sei seine Fähigkeit, auszulassen, Auswahl zu treffen. Er habe bislang immer dazu geneigt, alles auf einmal sagen zu wollen. Ihm sei alles wichtig und alles gleichzeitig wichtig gewesen. Da jedoch seine Lehrer ihm ständig eingeredet hätten, er möge sich auf eine Botschaft konzentrieren und nur das Wichtigste und Wesentliche dazu sagen, zumal die Redezeit knapp bemessen sei, habe er sich bemüht, zwischen seinen Ideen und Einfällen auszuwählen. Ihm falle diese Auswahl immer noch schwer, jede Idee scheint ihm großartig und einmalig zu sein, würdig, laut ausgesprochen und anderen mitgeteilt zu werden. Inzwischen aber habe er gelernt, sich einzuschränken. „Weniger ist mehr" sei kein hohler Spruch mehr für ihn. Die Gewohnheit habe sich nun auf sein ganzes Leben übertragen. Er könne jetzt seinen Tag sinnvoll organisieren, zwischen dem Vorrangigen und Nachrangigen unterscheiden und in der Schule seine Meinung klar formulieren, ohne sich im Netz spontaner Assoziationen zu verheddern. Dann fügte dieser Schüler hinzu: Er habe bisher keinen Wettbewerb gewonnen, nicht einmal den dritten Platz, fürs Leben aber habe er viel gelernt. Reden bildet. Das gilt für Jugendliche genauso wie für Ältere, für Berufsredner genauso wie für Gelegenheitsredner.

Rhetorik und Sigetik sind Kulturtechniken der Persönlichkeitsbildung. Diesen Aspekt sollten wir uns immer bei allem alltagsbedingten Hang zur raschen Umsetzung von Gelerntem in Erinnerung rufen.

Literatur

Hobbes, T. 1918. Grundzüge der Philosophie. http://www.zeno.org/Philosophie/M/Hobbes,%20Thomas/Grundz%FCge%20der%20Philosophie/Lehre%20vom%20B%FCrger/Staatsgewalt/10.%20Eine%20Vergleichung%20der%20drei%20Staatsformen%20nach%20ihren%20%DCbelst%E4nden. Zugegriffen: 2. Juli 2018.

Piwinger, M. o. J. Kleine Zeichen, große Wirkung. http://www.piwinger.de/aktuell/KleineZeichen.html. Zugegriffen: 14. Aug. 2018.

Weiterführende Literatur

Es gibt viele Anthologien, in denen Sie gute Texte berühmter Reden über Zeiten und Länder hinweg studieren können. Drei Texte – wohlgemerkt „Texte" –, die weltweit zu den rhetorisch besten gehören, sind:

- die Rede des Marc Anton in William Shakespeares „Julius Cäsar",
- die Catilinarischen Reden von Cicero
- das Manifest der kommunistischen Partei von Karl Marx und Friedrich Engels.

Es lohnt sich, diese Texte nachvollziehend abzuschreiben und laut zu lesen.

Die nachfolgenden Werke verbinden Rhetorik mit Kommunikation im engeren Sinne:

Bazil, V. 2007. Redemanagement. In *Handbuch Unternehmenskommunikation,* Hrsg. Manfred Piwinger und Ansgar Zerfaß. Wiesbaden: Springer Gabler.

Bazil, V. 2010. Politische Sprache: Zeichen und Zunge der Macht. *Aus Politik und Zeitgeschichte* 8 (2010): 3–6.

Bazil, V. 2013. Die Rede zwischen Präsenz und Präsentation. In *Handbuch Kommunikationsmanagement. Strategien-Wissen-Lösungen,* Hrsg. Günter Bentele, Manfred Piwinger, und Georg Schönborn, 5.72, 1–23. Köln: Luchterhand.

Bazil, V. 2013. Kommunikation und Gedächtnis – eine fast vergessene Verbindung. In *Handbuch Kommunikationsmanagement. Strategien-Wissen-Lösungen,* Hrsg. Günter Bentele, Manfred Piwinger, und Georg Schönborn, 8.63, 1–22. Köln: Luchterhand.

Bazil, V. 2018. Reden überhaupt. Reden heute. In *Jeder kann wirken. Von Executive lernen: auftreten, antworten, reden,* Hrsg. Stefanie Etzel und Sabina Wachtel, 52–57. Wiesbaden: Springer.

Bazil, V. 2013. Was von der Rede übrig bleibt… *Süddeutsche Zeitung,* 12. Juli 2013, S. 2.

Bazil, V. und R. Wöller, Hrsg. 2008. *Rede als Führungsinstrument. Wirtschaftsrhetorik für Manager – ein Leitfaden.* Wiesbaden: Springer.

Bazil, V., und A. Petras. 2007. Verschleierte Marken-Botschaften. *Marken-absatzwirtschaft,* 160–162. Düsseldorf: MEEDIA.

Bazil, V., und A. Petras. 2007. Verschleierte Marken-Botschaften. *Marken-absatzwirtschaft,* 160–162.

Bazil, V., und M. Piwinger. 2011. Die Stimme – ein „vokaler Personalausweis". Wie uns die Stimme identifiziert und charakterisiert. In *Handbuch Kommunikationsmanagement. Strategien-Wissen-Lösungen,* Hrsg. Günter Bentele, Manfred Piwinger, und Georg Schönborn, 5.58, 1–12. Köln: Luchterhand.

Bazil, V., und M. Piwinger. 2005. Der Ton macht die Musik. Über die Funktion der Stimme in der Kommunikation. In *Kommunikationsmanagement. Strategien-Wissen-Lösungen,* Hrsg. Herausgegeben von Bentele, G. Piwinger, M. Schönborn, G. Luchterhand, 1.28, 1–25.

Bazil, V., und M. Piwinger. 2006. ‚Das hab' ich nicht so gemeint'. Rechtfertigungsrituale als kommunikative Kunstform. In *Handbuch Kommunikationsmanagement. Strategien-Wissen-Lösungen,* Hrsg. Günter Bentele, Manfred Piwinger, und Georg Schönborn, 8.17, 1–36. Köln: Luchterhand.

Bazil, V., und M. Piwinger. 2009. Schweigen als Teil der Kommunikation. In *Handbuch Kommunikationsmanagement. Strategien-Wissen-Lösungen,*

Hrsg. Günter Bentele, Manfred Piwinger, und Georg Schönborn, 5.38, 1–20. Köln: Luchterhand.

Bazil, V., und M. Piwinger. 2016. "Wer anderen eine Grube gräbt". Sprichwörter in der Kommunikation. In *Kommunikationsmanagement*, Hrsg. Günter Bentele, Manfred Piwinger, und Gregor Schönborn, 8.91, 1–22. Köln: Luchterhand.

Ebert, H., und I. Fisiak. 2017. *Bürgerkommunikation auf Augenhöhe: Wie Behörden und öffentliche Verwaltung verständlich kommunizieren können Taschenbuch*. Wiesbaden: Springer Gabler.

Ebert, H., und E. Münch (Mitwirkende). 2018. *Sprache als Instrument der Change- und Innovationskommunikation (essentials)*. Wiesbaden: Springer Gabler.

Piwinger, M., und V. Bazil. 2014. Impression Management: Identitätskonzepte und Selbstdarstellung in der Wirtschaft. In *Handbuch Unternehmenskommunikation*, Hrsg. A. Zerfaß und M. Piwinger, 2. Aufl., 471–490. Wiesbaden: Gabler.

Piwinger, M., und V. Bazil. 2017. Reihenfolgeeffekte. Ihre Auswirkungen auf den ersten Eindruck. In *Kommunikationsmanagement. Strategien-Wissen-Lösungen*, Hrsg. Günter Bentele, Manfred Piwinger, und Gregor Schönborn, 8.93, 1–21. Köln: Luchterhand.

Piwinger, M., und H. Ebert. 2002. Vorfeldkommunikation – ein Plädoyer für einen Paradigmenwechsel Teil 1: Modellskizze. Teil 2 Theorie-Bausteine und Anwendungen. In *Kommunikationsmanagement (Losebl. 2001 ff.)*, Hrsg. G. Bentele, M. Piwinger, und G. Schönborn, 1.15. Köln.

Reins, A. 2006. *Corporate Language. Wie Sprache über Erfolg und Misserfolg von Marken und Unternehmen entscheidet*. Main: Hermann Schmidt.

Schlee, A., und A. Kieser. 2000. Die Konstruktion von Organisationen mithilfe von Metaphern. In *Management und Wirklichkeit. Das Konstruieren von Unternehmen, Märkten und Zukünften*, Hrsg. Hein K. Stahl und Peter M. Hejl, 159–183. Heidelberg: Carl-Auer.

Schulz von Thun, F., J. Ruppel, und R. Stratmann. 2001. *Miteinander reden: Kommunikationspsychologie für Führungskräfte*. Hamburg: Rororo.

The manufacturer's authorised representative in the EU is Springer Nature Customer Service Centre GmbH, Europaplatz 3, 69115 Heidelberg, Germany. If you have any concerns regarding our products, please contact ProductSafety@springernature.com

Printed and bound by CPI Group (UK) Ltd, Croydon, CR0 4YY

25/03/2026

02077951-0002